SYLVIA BOORSTEIN

Buddha
oder
Die Lust am
Alltäglichen

Aus dem Englischen
von Gisela Merz-Busch

ARKANA

GOLDMANN

Umwelthinweis:
Alle bedruckten Materialien dieses Taschenbuches
sind chlorfrei und umweltschonend.

Der Goldmann Verlag
ist ein Unternehmen der Verlagsgruppe Bertelsmann

Vollständige Taschenbuchausgabe Mai 1998
Wilhelm Goldmann Verlag, München
© 1996 der deutschsprachigen Ausgabe Scherz Verlag Bern,
München, Wien, für den O. W. Barth Verlag
© 1995 der Originalausgabe Sylvia Boorstein
Originalverlag: HarperSan Francisco,
a division of HarperCollins Publishers, Inc.
Originaltitel: It's Easier Than You Think
Umschlaggestaltung: Design Team München
Satz: IBV Satz- und Datentechnik GmbH, Berlin
Druck: Elsnerdruck, Berlin
Verlagsnummer: 13223
GR · Herstellung: Sebastian Strohmaier
Made in Germany
ISBN: 3-442-13223-1

3 5 7 9 10 8 6 4 2

Dieses Buch
ist meinem Ehemann Seymour gewidmet,
meinem ältesten und besten Freund.

Inhalt

Teil I
Spirituell sein ist leichter, als du denkst

Teil II
Der Weg zum Glück
Die Grundprinzipien der Lehre Buddhas

Teil III
Hindernisse für die klare Sicht

Teil IV
Klares Sehen: Weisheit und Mitgefühl

TEIL I

Spirituell sein
ist leichter,
als du denkst

Die ganz alltägliche Spiritualität

Vor ein paar Jahren sollte ich in einer anderen Stadt unterrichten, und mein dortiger Gastgeber rief mich zuvor an, um mich zu fragen, ob ich irgendeine besondere Art der Ernährung bevorzuge. Ich freute mich über seine Fürsorge und erzählte ihm von meinen Eßgewohnheiten. Dabei erwähnte ich auch, daß ich normalerweise zum Frühstück nicht viel essen, dafür aber gern Kaffee trinken würde. Seine ziemlich überrascht klingende Stimme drang durch den Hörer: »Sie trinken *Kaffee?*« Mir wurde klar, daß ich gerade ein ketzerisches Bekenntnis abgelegt hatte. Angestrengt durchforschte ich mein Gehirn nach einem akzeptablen Weg, meinem Gastgeber – ohne mein spirituelles Ansehen zu verlieren – zu erklären, daß ich tatsächlich Kaffee trank.

Es gibt ein paar merkwürdige Vorstellungen darüber, was »Spiritualität« ist. In meinem Büro hängt ein Cartoon: Zwei Leute sitzen in einem Restaurant und essen. Sagt der eine zum anderen: »Es tut richtig gut, jemanden zu treffen, der nicht gerade auf dem spirituellen Trip ist.« Da kann ich nur zustimmen. Die Gefahr ist groß, in die Sackgasse selbstgerechter Frömmelei zu geraten und seine Energie darauf zu verschwenden, einen »spirituellen Menschen« darzustellen.

Ein guter Freund von mir war mit zunehmender Anerkennung als Meditationslehrer immer geneigter, den Leuten frank und frei zu erzählen, daß er Football über alles liebe. Er gibt sogar zu, daß er sich bei den Spielen richtig *begeistern* kann und »seine« Mannschaft vor dem Fernseher anfeuert, als sei er im Stadion. Nichts von der leidenschaftslosen Haltung des »Möge das beste Team gewinnen«! Ich weiß, daß er eine phantastische Ebene des Verständnisses erreicht hat, und *dennoch* benimmt er sich wie ein normaler Mensch in einer normalen Welt. Intensiv zu meditieren und Gleichmut zu entwickeln heißt nicht, sich irgendwie seltsam zu benehmen.

Ich glaube, meine wichtigste Motivation, dieses Buch zu schreiben, war, daß ich den Leuten mitteilen wollte, daß ein spirituelles Leben nicht unbedingt eine große Sache sein muß. Manchmal beschließen Menschen auf der Suche nach dem Erwachen, ihren Lebensstil zu ändern. Manche tun sich mit Gleichgesinnten zusammen oder treten in einen Orden ein. Einige stellen ihre Ernährung um. Andere leben enthaltsam. Alle diese Entscheidungen können sehr hilfreiche Werkzeuge auf dem Weg zum Erwachen sein, aber sie sind nicht *als solche* schon spirituell.

Andere Menschen wählen andere Werkzeuge. In diesem Buch ist das Hauptwerkzeug ein unsichtbares: das Achtsamsein. Achtsamkeit, die bewußte, gelassene Annahme der gegenwärtigen Erfahrung, ist das Zentrum, das Herz von Buddhas Lehre. Dieses Buch soll ein grundlegender buddhistischer Leitfaden sein, aber keiner soll sich davon eingeschüchtert fühlen. Es ist leichter, als du denkst.

Die Dinge mit Gelassenheit angehen

Folgende Begebenheit war für mich der Auslöser, dieses Buch zu schreiben:

Ich nahm an einem Treffen amerikanischer Lehrer für buddhistische Meditation teil. Mindestens einmal im Jahr versammeln sich diese Lehrer für Einsichtsmeditation – alles Freunde von mir – und verbringen ein paar Tage gemeinsam. Wir stellen unsere Unterrichtspläne auf und tauschen uns darüber aus, was wir unseren Schülern sagen. Natürlich sprechen wir auch über private Dinge: »Was hast du im vergangenen Jahr gemacht?« – »Wie läuft's denn so bei dir?« Wir nehmen uns Zeit, von einem zum anderen zu gehen und ihm mitzuteilen, was in unserem Leben passiert ist.

Als ich so zuhörte, wie wir alle abwechselnd miteinander sprachen, fand ich etwas besonders auffällig: Immer wieder fielen Bemerkungen wie »Ich bin recht zufrieden« oder »Es geht mir gut« oder »Ich bin ganz glücklich«. Dabei ging es stets um völlig normale Ereignisse. Die Menschen führten ein ganz gewöhnliches Leben mit dem üblichen Auf und Ab. Sie hatten Beziehungsschwierigkeiten, Probleme mit ihren hinfällig werdenden Eltern, das Kind des einen war ernsthaft erkrankt, ein anderer mußte mit einem herben Verlust fertig werden. Und trotzdem gab jeder, wenn auch in unterschiedlicher Weise, zu verstehen: »Mir geht es recht gut« oder »Ich bin soweit zufrieden«. Das hieß nicht, daß sie mit dem, was ihnen zugestoßen war, nicht zu kämpfen hatten. Es hieß nicht, daß sie es geschafft hatten, über den Dingen zu stehen und es ihnen deshalb gut ging, weil sie nicht darunter litten. Sie kämpften wirklich damit und oft unter großem Schmerz und großer Betroffenheit, aber dennoch ging es ihnen gut. Als ich mich so umschaute, schoß mir der Gedanke durch den Kopf: »Offensichtlich gehen wir mit all unseren Problemen gelassen um.«

Mit etwas gelassen umzugehen hat nichts mit Gleichgültigkeit zu tun. Ich empfinde es als sehr erfreulich, Probleme *gelassen* anzupacken. Es ist so viel besser als vor zehn oder zwanzig Jahren, als ich Schwierigkeiten angespannt und ängstlich begegnete. Jeder handhabt seine Probleme auf andere Weise. Wer immer dieses Buch liest, *hat* schon Probleme bewältigt. Sie gelassen oder halbwegs gelassen zu bewältigen ist einfach phantastisch.

Erleuchtung

Als ich in den frühen siebziger Jahren mit dem Meditieren begann, war es gerade »in«. Jeder meditierte. Jedes Wochenende gab es Workshops, bei denen man schon wieder eine neue Art der Meditation kennenlernen konnte. Die Werbetexte für diese Workshops vermittelten meist den Eindruck, daß man nach diesem Wochenende die absolute Erleuchtung erlangt hätte.

Ich erinnere mich, daß ich einmal auf eine Party ging, die mir ganz alltäglich schien, die Leute begrüßten sich, plauderten und lachten, und in der Mitte saß eine Frau mit einem seltsam ernsten Gesichtsausdruck, die Augen geschlossen, völlig abgeschottet von dem ganzen Trubel. Jemand beugte sich zu mir und sagte: »Schau genau hin, sie ist erleuchtet.« Und ich dachte mir: »Wenn *das* Erleuchtung ist, dann kann ich darauf verzichten.«

Was ich jedoch, zumindest eine gewisse Zeitlang, gern erlangt hätte, waren ausgefallene Fähigkeiten. Ich hatte außergewöhnliche Geschichten gehört von Leuten, die an zwei Orten gleichzeitig sein oder frei schweben konnten. Manchmal, wenn ich auf meinem Kissen saß und eine ungewöhnliche Leichtigkeit in meinem Körper spürte, stellte ich mir vor, ich würde gleich abheben. Ich hoffte es zumindest. Ich hielt es einfach für eine Supersache, mich von meinem Kissen zu lösen und durch den Raum zu gleiten.

Ich war wohl auch von einer Geschichte beeinflußt, die mein Großvater über meine Großmutter erzählt hatte, die starb, als ich erst neun Jahre alt war. Ich kannte sie nur als kranke alte Frau, aber in der Vorstellung meines Großvaters war sie die wunderschöne junge Frau geblieben, die er geheiratet hatte, als sie achtzehn war. Er erzählte mir, sie sei so schön gewesen, daß »sie im Dunkeln geleuchtet hat«. Ich fragte ihn, ob er das wörtlich meine. Er bejahte das und erzählte: »Bei der Hochzeit meines Neffen Murray Fox war es im Saal ziemlich dunkel, da es noch keine Elektrizität, sondern nur Gaslicht gab, und alle sagten: ›Schaut euch Fischels Frau an, sie leuchtet im Dunkeln!‹« Für mich war das eine wundervolle, durch die Jahre verklärte Erinnerung – und ein Idealbild. Im Dunkeln zu leuchten, das wollte ich durch meine Meditationsübungen erreichen. Ich glaube, daß viele von uns in jenen Anfangsjahren von der Meditation die Entwicklung magischer Kräfte erwarteten.

Meine buddhistischen Meditationslehrer, die ich 1977 kennenlernte, sprachen über Erleuchtung, aber nicht über Magie. Sie sprachen darüber, »klar zu sehen« und wie sich daraus Glück und das Ende des Leidens entwickeln könnten. Das klang nach jener Art von Magie, die ich für am erstrebenswertesten hielt.

Erwachen ist an keine Religion gebunden

Jede religiöse Überlieferung, die ich kenne, verheißt die Erkenntnis der Wahrheit. Jeder Weg, den ich kenne, verspricht, daß die unmittelbare Erfahrung der Wahrheit uns befreien und Frieden bringen wird, uns unweigerlich zu mitfühlendem Handeln in der Welt führt. Die Wahrheit zu kennen bringt Glückseligkeit.

Achtsamkeit und *metta* (liebevolle Güte) zu üben, ist keine religiöse Herausforderung. Das macht sie zu leicht zugänglichen Werkzeugen für Meditierende aller Traditionen. Gewahrsein, Klarheit, Mitgefühl, Großzügigkeit und Verständnis – diese Qualitäten stehen im Zentrum des spirituellen Weges *eines jeden Suchenden*.

Szenario

Bei meinem ersten Meditationsretreat war ich Teil einer großen Gruppe von vielleicht hundert Leuten, die intensive Achtsamkeitsübungen durchführten in einem Kloster in Barre, Massachusetts. Während solcher Einkehrtage herrscht Schweigen, so daß man, von der Kleidung abgesehen, keinen Anhaltspunkt hat, wer was ist.

Die Tage verstrichen, während wir schweigend zusammen übten. Ich bemerkte theravadische Mönche in orangefarbenen Roben, Zen-Anhänger in traditioneller Zen-Kleidung und tibetische Mönche und Nonnen. Es gab Frauen in rosafarbenen Saris, und ich vermutete, daß sie einer der traditionellen hinduistischen Richtungen angehörten. Andere trugen rote Kleider und Perlen, was sie als Gefolgsleute eines bestimmten hinduistischen Lehrers auswies. Ein Mann war in eine Franziskanerkutte gehüllt. Ich ging gern neben ihm, denn sein langer Rosenkranz und das Kruzifix, die von seinem Gürtel hingen, klickten beim Gehen freundlich gegeneinander.

Als ich am Freitag abend den Speisesaal betrat, sah ich, daß jemand an einem kleinen Tisch in der Ecke dieses Gemeinschaftsraumes zwei Kerzen angezündet hatte. Neben den Kerzen stand ein kleines Schild mit der Aufschrift: »Dies sind Sabbatkerzen. Bitte nicht ausblasen. Sie sollen von selbst herunterbrennen, und ich werde sie morgen nach Sonnenuntergang entfernen.«

Ich schaute mich um und dachte: »Hier sind wir in all unserer Unterschiedlichkeit! Unsere vegetarische Kost ist für keine Religion ein Problem, also kann jeder teilnehmen. Wir haben eine Liturgie des Schweigens, also kann jeder teilnehmen. Jeder von uns, in welchem religiösen Rahmen er auch sein Leben lebt, versucht zu erwachen. Das Üben der Achtsamkeit – wir können es gemeinsam tun.«

Die Wegbeschreibungen in diesem Buch sind eindeutig buddhistische Wegbeschreibungen. Sie sind klar und nützlich und nicht religionsgebunden. Wahrheit bleibt Wahrheit. Geistige Verknotungen und Leiden sind universal, und die Sehnsucht nach Glück und dem Ende der Leiden ist ebenso universal.

TEIL II

Der Weg zum Glück

Die Grundprinzipien der Lehre Buddhas

Elementare Weisheit:
Mr. Cory und mein Großvater

Die Wegweiser Buddhas für die Reise zu Weisheit und Glückseligkeit sind für viele Menschen so anziehend, weil sie so einfach sind. Im wesentlichen lehrte er, daß es sinnlos sei, sich über etwas aufzuregen, was außerhalb unserer Kontrolle liegt. Wir können uns nicht aussuchen, welche Karten wir im Leben zugeteilt bekommen. Aussuchen können wir uns nur die Einstellung gegenüber den Karten, die wir haben, und das Geschick, mit dem wir sie ausspielen.

Als Buddha vor 2500 Jahren seine Vorstellungen lehrte, verstanden ihn viele, die ihm lauschten, auf der Stelle so vollkommen, daß sie für immer glücklich waren. Die Menschen, die ihn nicht sofort verstanden, mußten sich in Meditation üben, und dann verstanden auch sie.

Die Vorstellungen Buddhas wurden für einen großen Teil dieses Planeten zur zentralen spirituellen Lehre. Diese Lehre enthält auch eine umfassende Kosmologie, aber ihre Kernbotschaft, wie man ein gesundes und glückliches Leben führt, klingt für mich nach Mr. Cory, der nur ein paar Häuser entfernt von mir wohnt, oder nach meinem Großvater, der vor zehn Jahren gestorben ist.

Mr. Cory ist neunzig Jahre alt, und er betreibt immer noch Landwirtschaft. Er und seine Frau, mit der er seit fast siebzig Jahren verheiratet ist, erledigen alle Arbeiten, die auf ihrem wenige Hektar großen Hof anfallen, und verkaufen die Produkte von ihrer Garage aus. Letzten Sommer fuhr ich eines Tages ihre Einfahrt hinunter, um ein paar Zwiebeln zu kaufen, und sah die Garagentür offenstehen. »Schau mal an«, dachte ich, »was Mr. Cory getan hat. Er hat sich eine Puppe nach seinem Ebenbild machen lassen, um sie als Dekoration in die offene Garagentür zu setzen.« Wahrscheinlich war in meiner Vorstellung das Bild der hölzernen Indianerin vor den Zigarettenläden meiner Kindheit oder der lebensgroßen Modelle von Colonel Sanders aufgeblitzt.

Selbstverständlich war es alles andere als ein Verkaufsgag. Es war Mr. Cory selbst, der da so bewegungslos wie eine Statue saß und wartete. Er las nicht, er schrieb nicht, er sortierte nicht seine Waren, er schnitzte nicht, er machte *überhaupt nichts* als warten. Der Verkaufsstand der Corys befand sich auch nicht an einer Hauptstraße, wo er vielleicht den vorbeirauschenden Verkehr hätte beobachten können. Die Garage steht hinter ihrem Haus, und das Haus liegt an einer wenig befahrenen Nebenstraße. Da ist *nichts* zu beobachten. Es gab für Mr. Cory nichts zu tun, also tat er nichts. Ich habe mit Mr. Cory nie über Philosophie gesprochen, aber ich vermute, er würde sagen: »Wenn etwas nicht kaputt ist, dann repariere es auch nicht« und »Wenn etwas kaputt ist und du kannst es nicht reparieren, dann mach dir deshalb keine Sorgen«.

Ich hielt an, stieg aus und war schon fast den ganzen Weg bis zur Garage gegangen, bevor Mr. Cory sich bewegte. Plötzlich fiel mir ein, daß ich im Auto einen Fotoapparat hatte, und ich fragte ihn: »Mr. Cory, wäre es Ihnen recht, wenn ich Sie fotografiere?« – »Ja«, war die Antwort. Er fragte nie: »Warum?«

Das Foto war gut geworden, ein *amerikanischer Klassiker* – Mr. Cory, der unbewegt neben seinen Tomaten- und Zucchinikisten sitzt. Ich ließ eine Vergrößerung machen, rahmte sie und hängte sie in meinem Büro neben ein Bild von Meher Baba, einem Weisheitslehrer, den ich bewundere. Ich spielte mit dem Gedanken, das Negativ an die Zeitschrift *Country Life* zu schicken, und konnte mir gut vorstellen, daß sie es drucken und mich als Photographen nennen würden. Einen Abzug rahmte ich und schenkte ihn Mr. Cory. Er sagte: »Danke.«

Mein Großvater starb mit achtundneunzig Jahren – an Altersschwäche. Sein Herz hörte einfach auf zu schlagen, aber sein Geist war klar bis zuletzt. Er hatte meine Mutter überlebt, seine älteste Tochter, und alle seine drei Frauen. Er hatte schwierige wirtschaftliche Zeiten durchgestanden. Als junger Mann war er von Europa nach Amerika gekommen, hatte seine Eltern und viele Geschwister in Österreich zurückgelassen und keinen von ihnen je wiedergesehen. Er war Arbeiter und hatte nie Lesen und Schreiben gelernt. Ich erinnere mich, wie ich ihn als Kind beobachtete, wenn er sich nach der Arbeit die Hände mit einer besonderen groben Paste wusch, um sie überhaupt sauber zu bekommen. Er war ein leidenschaftlicher, gefühlsbetonter Mann. Wenn meine Eltern für mich Geburtstagsparties gaben, begann er zu weinen, wenn die Leute »Happy Birthday« anstimmten.

Als meine Mutter mit siebenundvierzig Jahren starb, war mein Großvater siebenundsiebzig. Ihr Tod hat ihn schwer getroffen, und er war auf ihrer Beerdigung so verzweifelt, daß meine größte Sorge war, wie er diesen Tag überstehen würde. Er verbarg seinen Schmerz weder vor sich noch vor anderen.

Meine Mutter starb im August, und in jenen Jahren arbeitete mein Großvater den Sommer über als Hausmeister in einer Ferienhaussiedlung in Maine. Ein paar Tage nach der Beerdigung meiner Mutter riß sich mein Großvater zusammen, gefühlsmäßig und körperlich, und ging wieder an die Arbeit. Er sagte den Kernsatz seiner Lebensphilosophie, den ich schon viele Male von ihm gehört hatte: »Was bleibt einem schon anderes übrig? – So ist das Leben.« Damals dachte ich, er sei Sorbas. Er arbeitete noch viele Jahre, heiratete wieder, hatte Freude an seinen Urenkeln. Er blieb meinem Vater ein guter, enger Freund, und er schloß in diese Freundschaft auch die neue Frau meines Vaters ein, als dieser noch einmal heiratete. Er betrat nie wieder das Haus, in dem meine Mutter gelebt hatte. Es wiederzusehen machte ihn zu traurig.

Ich besuchte meinen Großvater, als er schon sehr alt war und im Süden Floridas in einer Siedlung für ältere Leute lebte. Zweimal täglich, nach dem Frühstück und nach dem Mittagessen, lud er mich zu einer Runde um den Block ein. Es war ein langer Spaziergang, denn er ging sehr langsam. Er erklärte mir, dies sei ein zwingender Teil seines Tagesablaufs, sein tägliches Körpertraining, und ich fragte ihn: »Worüber denkst du nach beim Spazierengehen?« Er sah mich überrascht an. »Was meinst du damit: Worüber ich nachdenke?« fragte er. »Wenn ich spazierengehe, gehe ich spazieren.« Damals dachte ich, er sei Buddha.

Weder Mr. Cory noch mein Großvater haben je von Meditation gehört. Ich denke, sie schenkten ihrem Leben Achtsamkeit und wurden weise. Für jene von uns, die nicht auf natürlichem Weg weise werden, ist die Meditation ein Weg, durch Übung dorthin zu gelangen.

Die Erste Edle Wahrheit:
Schmerz ist unvermeidbar,
das Leiden aber liegt in unserer Hand

Die wichtigsten Marksteine, die uns Buddha auf dem Weg zur Glückseligkeit gab, nennt man die Vier Edlen Wahrheiten.

In der Ersten Edlen Wahrheit erklärt er, daß im Leben »der Schmerz unvermeidbar ist, das Leiden aber in unserer Hand liegt«. Buddha hat das nicht wörtlich so gesagt, er wählte eine seiner Zeit entsprechende Ausdrucksweise. Meine Formulierung gibt, in modernem Sprachgewand, den Sinn der Buddha-Worte wieder und ist – so hoffe ich – nicht respektlos.

Das Leben *ist* schwierig. Scott Peck sagt das im ersten Satz seines Buches »Der wunderbare Weg«, das von Hunderttausenden gekauft wurde. Ich denke manchmal, daß die Menschen den ersten Satz gelesen haben und so begeistert darüber waren, daß ihnen jemand die Wahrheit ihrer eigenen Erfahrung bestätigt, daß sie das Buch gekauft haben. Das Leben *ist* so geheimnisvoll. Ungeachtet all unserer Planungen ist es unvorhersehbar. Jahrelang hatte ich einen Aufkleber an meinem Badezimmerspiegel, der mich täglich daran erinnern sollte: »Leben ist das, was dir zustößt, während du gerade andere Pläne machst.« Dennoch verwende ich weiterhin Zeit darauf, etwas *jetzt* zu regeln, damit ich in einer fiktiven *Zukunft* glücklicher bin.

Ich war Mitte dreißig, als mir ziemlich dramatische Alarmsignale klarmachten, daß ich absolut schlecht gerüstet war, mit den Unbilden des Lebens fertig zu werden. Es war mir gelungen, vor mir selbst zu verbergen, wie zerbrechlich das Gleichgewicht ist, von dem unser Glück in jedem einzelnen Augenblick unseres Lebens abhängt. Ich war erwachsen geworden, und ich hatte all die Dinge getan, die angeblich Glück garantieren. Ich hatte einen Beruf gelernt, den ich ausübte und der mich befriedigte. Ich hatte geheiratet und vier wundervolle Kinder bekommen, die ich über alles liebte. Irgendwie habe ich mir nie darüber Gedanken gemacht, wie verwundbar dies alles war, und so hatte ich auch nie über irgendwelche Fragen von letzter Bedeutung nachgedacht.

Eines Tages wurden in der Straße, in der ich wohnte, zwei kleine Mädchen auf ihrem Schulweg von einem Auto überfahren und waren auf der Stelle tot. Der Fahrer hatte die Kontrolle über das Fahrzeug verloren. Sie waren sechs und sieben Jahre alt gewesen – sie waren Schwestern. Ich kannte sie nicht, aber ich hörte davon, weil sie Klassenkameradinnen meiner Tochter Elizabeth waren. Plötzlich wurde mir bewußt, wie gefährdet das Leben ist und daß jeder Augenblick kostbar ist. Wäre ich mir dieser Tatsache weniger schockartig bewußt geworden, hätte ich vielleicht einen dieser oft beschriebenen transformativen Augenblicke erfahren, nach denen man für immer völlig verwandelt ist und den Rest seines Lebens in beständiger Klarheit lebt. Aber so war es bei mir nicht. Ich wurde von dieser Erkenntnis in Depression und Verzweiflung gestürzt. Ich konnte mir nicht vorstellen, warum die Leute weiterlebten, wenn das Leben bestenfalls zeitlich begrenzt und völlig unvorhersehbar war. Mir wurde klar, daß alle Beziehungen im Verlust enden, und Verlust ist schmerzhaft. Es war für mich unerklärlich, warum wir uns darauf einlassen.

Auch wenn ich heute über diese Phase meines Lebens mit einiger Leichtigkeit schreiben kann, damals war es eine schreckliche Zeit für mich. Mehr als schrecklich! Ich las existentialistische Philosophen wie Camus und Sartre, und ich wunderte mich, wie es mir all die Jahre gelungen war, diese furchtbare Wahrheit von mir fernzuhalten. Und ich fragte mich, warum alle anderen dies nicht zu sehen schienen. Wie konnten die Leute nur vor sich hin leben, als sei alles in Ordnung, wo ich doch genau wußte, daß das nicht stimmte. Ich erinnere mich, daß ich den Psychologiestudenten Vorträge über »Existenzangst« hielt, und ich pflegte ihnen folgenden Kierkegaard-Witz zu erzählen: Ein Bekannter verabschiedete sich von Kierkegaard mit den Worten: »Wir sehen uns dann nächsten Dienstag.« Und er antwortete angeblich: »Ha, wir sehen uns am nächsten Dienstag, falls kein Ziegelstein vom Dach fällt und deinen Kopf trifft, wenn du mein Haus verläßt, und falls du nicht von einem Auto überfahren wirst, über das der Fahrer die Kontrolle verloren hat, wenn du die Straße überquerst« usw. Es ist kein lustiger Witz. Es war mir nicht möglich, zu meinen Kindern »Bis später« zu sagen, wenn sie in die Schule gingen, ja nicht einmal »Viel Spaß« zu jemandem, ohne daß in meinen Ohren düstere Zwischentöne klangen.

Ein Teil meiner Verzweiflung rührte daher, daß ich glaubte, der einzige Mensch zu sein, der so fühlte. Um mich herum waren lauter Menschen, die das Leben offensichtlich gut und keineswegs beängstigend fanden. Welche Erleichterung bedeutete es für mich, als ich während meines ersten Meditationsretreats diese Wahrheit so deutlich ausgesprochen hörte: die Erste Edle Wahrheit, daß das Leben schwierig und schmerzhaft ist, einfach von Natur aus, nicht weil wir etwas falsch machen. Ich war so erleichtert, Leute zu treffen, die gewillt waren zuzugeben, wie schwierig und oft schmerzhaft das Leben ist, und die sich dennoch wohl zu fühlen schienen. Noch wichtiger: Sie wirkten sogar *glücklich*. Ich dachte bei mir: »Hier sind Menschen wie ich, die ein Leben führen, wie ich es tue, die die Wahrheit kennen und bereit sind, sie auszusprechen, und die damit klarkommen.«

Die Zweite Edle Wahrheit:
Verhaftetsein ist leidvoll

Die Erste Edle Wahrheit erklärt unumwunden und geradeheraus, daß Schmerz zum Wesen des Lebens gehört, einfach weil alles im Wandel ist. Die Zweite Edle Wahrheit sagt
uns, daß wir dann leiden, wenn wir gegen unsere Lebenserfahrungen ankämpfen, statt sie weise und mitfühlend anzunehmen und uns ihnen zu öffnen. So gesehen gibt es einen
großen Unterschied zwischen Schmerz und Leid. Schmerz ist
unvermeidbar, das Leben ist untrennbar mit Schmerzen verbunden. Leiden aber ist nicht unumgänglich. Wenn Leiden
dann entsteht, wenn wir gegen unsere Erfahrung ankämpfen,
weil wir sie nicht akzeptieren können, dann ist das Leiden etwas, das man sich freiwillig auferlegt.

Als ich mit meinen Übungen begann, habe ich das nicht
verstanden und glaubte, wenn ich nur intensiv genug meditierte, dann würde es für mich keinen Schmerz mehr geben.
Das stellte sich als falsch heraus. Ich war sehr enttäuscht, als
ich diesen Irrtum bemerkte, und es war mir peinlich, so naiv
gewesen zu sein. Es ist ganz offensichtlich, daß wir aus diesem Leben den Schmerz nicht vertreiben können.

Buddha sagte: »Alles, was uns lieb ist, verursacht Schmerz.«
Ich denke, daß er damit recht hat. Normalerweise zitiere ich
diesen Satz nicht vor Anfängern, weil ich nicht möchte, daß
sie denken, der Buddhismus sei düster. Aber es *ist* wahr. Weil
sich die Dinge verändern, wird sich auch unsere Beziehung
zu allem, was uns lieb ist, oder dessen Beziehung zu uns verändern, und wir werden den Schmerz des Verlustes und der

Trennung fühlen. Jene von uns, die ein Leben gewählt haben, das in Beziehungen eingebettet ist, haben für sich entschieden, daß dies den Schmerz wert ist.

Für mich ist es eine ständige Herausforderung (Zen-Buddhisten würden es ein Koan nennen), die dünne Grenze zwischen »Gleichgültigkeit gegenüber Lebenserfahrungen« und »leidenschaftlicher Aufgeschlossenheit gegenüber Lebenserfahrungen« *ohne* Verhaftung immer neu festzulegen. Ich verlasse mich darauf, daß das möglich ist, aber da jeder Augenblick ein Gleichgewicht zwischen »angenehm« und »unangenehm« hat, ist es schwer, sich nicht das »angenehm« zu wünschen. Es ist überhaupt schwer, nichts zu wünschen.

Der heilige Johannes vom Kreuz soll gebetet haben: »Herr, verschone mich von Gesichten!« Als ich mit meinen Meditationsübungen anfing, wollte ich Visionen haben. Das war Ende der sechziger Jahre, die Beatles und Maharishi Mahesh Yogi machten Meditation populär, und die Kultur war »psychedelisch«. Ich wollte etwas Dramatisches erleben.

Jahre später geschahen *tatsächlich* dramatische Dinge ... Während einer Phase intensiver meditativer Übung erlebte ich das Gefühl, von Licht erfüllt zu sein, sogar Licht auszustrahlen. Es war erstaunlich! Im Zusammenhang mit intensiver Meditation ist das keine so außergewöhnliche Sache, aber für mich war es einfach überwältigend. Bald darauf wuchs in mir der Gedanke, es sei nicht außergewöhnlich genug. Ich mußte an Paulus denken, der auf dem Weg nach Damaskus vom Licht geblendet wurde, und da ich nicht erblindet war, begann ich, mir *mehr* Licht zu wünschen. Allerdings hätte ich das niemandem gegenüber zugegeben, weil es in Meditationskreisen als »nicht cool« gilt (zumindest nicht in meinem), sich mehr Entrückung zu wünschen – aber ich wünschte es mir.

Die Zweite Edle Wahrheit des Buddha lautet, daß etwas zu

begehren leiden *ist*. Oft heißt es: »Die Ursache des Leidens ist das Begehren«, aber ich denke, das verfehlt den Kern der Aussage. »Ursache« klingt so, als würde erst etwas geschehen, was dann ein bestimmtes Ergebnis hervorbringt. Man könnte es auch so ausdrücken: »Begehre jetzt, leide später.« Ich denke aber, gemeint ist: »Begehre jetzt, leide jetzt.«

Ich hörte einmal, wie jemand sagte, es sei ein Zeichen von Erleuchtung, wenn ein Mensch in jedem Augenblick die Fähigkeit hätte zu sagen (und es auch zu meinen): »Nun, das ist nicht das, was ich möchte, aber es ist das, was ich bekommen habe, also ist es in Ordnung.«

Die Schwiegermutter meines Sohnes Peter erträgt nicht nur Unannehmlichkeiten mit Würde, sie gewinnt ihnen oft sogar noch etwas ab. Sie ist der einzige Mensch, mit dem ich jemals über die Autobahnen von San Francisco gefahren bin, mit rastlos die Fahrspuren wechselnden Autos, in stockendem, verstopftem, stinkendem Verkehr, und der dann mit ehrlicher Ehrfurcht bemerkt: »Schau dir nur all diese Leute an, die unterwegs sind!«

Natürlich ist es ein großer Schritt von Autobahnen zu Hungersnöten und Kriegen, aber es ist wundervoll, wenn man darin bestärkt wird, daß eine großzügige Akzeptanz dem Menschen möglich ist. Die spirituelle Übung trägt vielleicht dazu bei, dieses Potential in uns selbst zu entdecken und zu vergrößern. Die Dritte Edle Wahrheit sagt, daß es wirklich möglich ist.

Die Dritte Edle Wahrheit:
Befreiung vom Leiden ist möglich

Ein Schlüsselbegriff der buddhistischen spirituellen Übung ist das sogenannte Rechte Verständnis. Ein Aspekt des Rechten Verständnisses ist, sich über den Sinn der Achtsamkeitsübung klar zu sein. Mein Eintreten in die Übung der Achtsamkeit war von absolut falschem Verständnis inspiriert. Ich dachte, wenn ich nur angestrengt genug meditierte, würde ich keinen Schmerz mehr erfahren. Natürlich ist das falsch. Es gibt keinen Weg, in einem Körper, im Leben zu sein ohne Schmerz.

Es war mir peinlich, als ich meinen Irrtum entdeckte. Ich war auch enttäuscht. Aber da ich mich inzwischen engagiert der Meditation verschrieben hatte, trieb ich mich selbst an mit der Vorstellung, daß ich das *Leiden* aus meinem Leben vertreiben könnte. Davon handelt die Dritte Edle Wahrheit. Sie sagt, daß Befreiung möglich ist, ebenso Frieden des Geistes und Glück – in diesem irdischen Leben. Es ist eine so aufregende Idee!

Einige Jahre lang unterrichtete ich östliche Religionen an einem nahe gelegenen katholischen College. Die Studenten waren hauptsächlich Absolventen der örtlichen katholischen High School. Die meisten hatten ein beschütztes und bequemes Leben geführt, in intakten, liebevollen Familien. Sie schienen verwirrt, als ich ihnen den Buddhismus erklärte und sofort den Gedanken des Leidens einführte. Ich sah jedoch keine Möglichkeit, dies zu vermeiden. Die Vorstellung vom Leiden und der Möglichkeit, es zu beenden, ist die zentrale Lehre des Buddhismus. Buddha selbst hat das einmal zu einem Schüler gesagt. Dieser Schüler, sagt die Legende, forderte Buddha heraus. Er beklagte sich, Buddha habe ihn nicht die Kosmologie oder die Philosophie gelehrt, die er sich von ihm erhofft hatte. Buddha soll erwidert haben: »Ich lehre nur eine Sache – das Leiden und das Ende des Leidens.«

Meine jungen Studenten sahen beunruhigt aus, als ich darüber sprach, wie alles, selbst die angenehmen Dinge, letztlich enttäuschend ist, weil nichts andauert. Als ich erläuternd hinzufügte: »Wie oft wünschen wir uns Dinge, die wir nicht bekommen können«, stimmten sie nicht zu. Meist bekamen sie die Dinge, die sie sich wünschten. Ihnen erschien der Buddhismus freudlos, und sie fragten dann: »Gibt es bei den Buddhisten Geburtstagsparties?«

Ich strengte mich sehr an, Leidenssituationen zu finden, die ihnen etwas sagten. »Hattet ihr je einen Freund oder eine Freundin, der oder die euch dann nicht mehr mochte? Bevor ihr darüber hinwegkamt, hat es da nicht geschmerzt?«

»Oh«, sagten sie da, »wenn das Leiden ist, kann ich mir etwas darunter vorstellen!« Aber trotzdem war ich irgendwie bestürzt, für diese jungen Menschen so eine Art Überbringer schlimmer Nachrichten zu sein.

Manchmal hatte ich das Gefühl, die beiden ersten Edlen Wahrheiten rasch abzuhandeln, nur um zur Dritten Edlen Wahrheit zu gelangen und die frohe Botschaft verkünden zu können. Es *ist* sehr wohl möglich, glücklich zu leben ... Es *ist* möglich, einen so weiten Geist zu kultivieren, daß er leidenschaftlich und wach und empfänglich und betroffen sein und an Dingen *hängen* kann, ohne zu kämpfen. Das ist mehr als nur eine gute Nachricht. Das ist eine phantastische Nachricht.

Der Dritte Patriarch des Zen
und der Erste Patriarch von Berkeley

Sengcan, Dritter Patriarch des Zen, der im China des 6. Jahrhunderts lebte, sagte: »Der Große Weg ist für jene nicht schwierig, die keine Vorlieben haben.« Als ich das hörte, dachte ich: »Das schaffe ich nie.« Jeder Augenblick meiner Erfahrung schien eine Möglichkeit zu bergen, eine Vorliebe zu haben, und ich hatte immer eine.

Als ich diese Lehre das erste Mal hörte, war meine jüngere Tochter eine sehr ernsthafte Ballettschülerin, und ihre Lehrer waren der Meinung, sie sei besonders begabt. In der Weihnachtszeit tanzte sie immer in der *Nußknacker*-Aufführung der Ballettschule, und jedes Jahr bekam sie eine etwas wichtigere Rolle. Obwohl sie noch ein Kind war, stellte ich mir vor, sie würde eines Tages die Schneekönigin tanzen, und ich konnte mir nicht denken, daß es mir, wenn es soweit war, egal wäre, ob sie die Rolle bekam oder die Tochter von irgend jemand anderem. Ich hatte eine Vorliebe.

Ich verstand die Lehre über die Vorlieben auf der Ebene von Belanglosigkeiten. Ich wußte, daß es unwahrscheinlich war, daß ich jemals in ein Baskin-Robbins-Eiscafé gehen und sagen würde : »Geben Sie mir irgend etwas«, aber ich wußte auch, daß es mich nicht in Verzweiflung stürzen würde, wenn sie kein Schokoladeneis mehr hätten. Es gab schließlich viele andere Möglichkeiten, die beinahe so gut waren. Dies war die Ebene von Vorlieben, die sich als persönlicher Geschmack, als Neigung darstellt.

Was ich mir nicht vorstellen konnte, war, daß dies auch auf

einen Herzenswunsch zutreffen sollte. Es war mir unbegreiflich, warum Leute sich *wünschen* sollten, keine Vorlieben zu haben. Mir schien, daß es gerade diese Vorlieben waren, die das Leben unterhaltsam und aufregend machten. Meine Ansichten standen in diametralem Gegensatz zum *Diamant-Sutra:* »Entwickle einen Geist, der an nichts anhaftet!« Was ich offensichtlich nicht verstand, war, daß es möglich *und* interessant *und* unterhaltsam sein konnte, Hoffnungen und Pläne zu haben und sie mit Energie zu verfolgen und trotzdem bereit zu sein, sie fallenzulassen, wenn sie sich nicht verwirklichen ließen.

Ich lernte dies auf ziemlich dramatische Weise von Bill, einem unserer Freunde, der vor zwei Jahrzehnten gestorben ist und der im Laufe der Zeit in meinen Gedanken zum Ersten Patriarchen von Berkeley wurde. Bill war erst Anfang Vierzig, als man bei ihm Krebs feststellte. Er war verheiratet, beruflich erfolgreich und hatte Kinder, die er sehr liebte. Als er wußte, daß sein Tod näherrückte, schrieb er an alle seine Freunde einen Brief, der nach seinem Tod verschickt werden sollte. Darin sagte er über sein Leben: »Gern hätte ich länger gelebt, aber ein anderes Leben wollte ich nie!« Ich hielt es für wundervoll, sein Leben auf diese Weise zu leben, mehr davon haben zu wollen als Zeichen dafür, daß man das Leben zu schätzen weiß, aber niemals ein »anderes« haben zu wollen.

Mein Freund John Tarrant, ein Zen-Lehrer, erzählte mir von einem besonderen Zen-Sterbegedicht. Es gibt Sammlungen solcher Gedichte von berühmten Zen-Lehrern – vermutlich letzte Einsichten, die mit dem letzten Atemzug ausgesprochen wurden. John erzählte mir, ein Gedicht lautete: »Sterbegedichte sind nichts als Unsinn. Der Tod ist nichts als der Tod.«

Dieses Zen-Gedicht erinnert mich an meine Freundin Pat, die mit gut vierzig Jahren starb und vier Kinder, viele

Freunde und eine hoffnungsvolle Karriere als Anwältin zu-
rückließ. Von ihr lernte ich, daß man sehr wohl eine Vorliebe
haben kann, einen Herzenswunsch, der sich dann nicht erfüllt, ohne daß man darüber verbittert ist. Pat lebte noch
einige Monate, nachdem sie erfahren hatte, daß sie den
Kampf gegen die Krankheit verlieren würde. Sie nutzte die
Zeit, sich mit ihrem früheren Ehemann wieder auszusöh-
nen, alle laufenden juristischen Fälle zu erledigen sowie mit
ihren Freunden zu sprechen und ihnen alles zu sagen, was
sie ihnen zu sagen hatte – und einige dieser Gespräche fielen ihr sehr schwer, aber sie führte sie trotzdem. Dem Ende
nahe, sagte sie zu mir in normalem, nüchternem Plauder-
ton: »Weißt du, ich bin emotional durch diesen Krebs sehr
gewachsen. Ich habe Dinge getan, die ich ohne diese Krankheit nie getan hätte. Aber, ehrlich gesagt, wäre es mir lieber,
ich wäre nicht krank und nicht so gewachsen.«

Eine einfache Wahrheit. Das geistige Wachsen ist nicht
so großartig. Leben ist besser. Aber da sie das nicht ändern konnte, lebte sie ihre letzten Tage in Würde. Als ich sie
am Tag, bevor sie starb, besuchte, saß sie aufrecht im Bett
und las Zeitung. »Alles andere habe ich erledigt«, sagte sie,
»nun warte ich nur noch.«

Ich denke, das qualifiziert Pat als Erste Matriarchin von San
Anselmo.

Emily bekam nie die Rolle der Schneekönigin. Es hat sich
nicht ergeben, daß sie Tänzerin wurde, und die Würde, mit
der sie das trug, erlaubte mir, meine Erwartungen loszu-
lassen. Ich sehe den *Nußknacker* noch immer gern, ganz
besonders gern stelle ich mir vor, wie sich die Mutter der
Schneekönigin wohl fühlt. Ähnlich empfinde ich, wenn ich
mir im Fernsehen ein Footballspiel ansehe und die Ka-
mera nach einem großartigen *end-zone catch* zur Mutter des
Spielers schwenkt, die auf der Tribüne applaudiert. Das be-

rührt mich so, daß ich oft weine. Ich weine auch, wenn ich erlebe, daß anderen Menschen Trauriges widerfährt. Meditation heilt nicht vom Weinen. Ich bin froh, daß sie das nicht tut.

Die Dreieinhalbte Edle Wahrheit

Buddha lehrte, daß das Ende des Leidens möglich sei. Wir könnten, so verkündete er, unseren Geist zu so umfassender Klarheit führen, daß unsere Erfahrungen kommen und gehen würden in dem großen Meer des weisen und weiten Geistes. Schmerz und Freude würden kommen und gehen, Angenehmes und Enttäuschendes würden kommen und gehen, und der Geist würde im wesentlichen ruhig bleiben. Es ist unglaublich befreiend zu wissen, daß man sich nicht über etwas freuen muß, um glücklich zu sein.

Jedoch das Ende des Leidens ist bei mir bisher nicht eingetreten. Das liegt nicht daran, daß es mir am rechten Streben mangelt. Ich strebe danach! Noch liegt es daran, daß mir das Verständnis fehlt. Ich glaube von ganzem Herzen, daß Freiheit möglich ist. Ich weiß, die Neigung, im Geiste zu kämpfen, kommt daher, daß ich meine Geschichte als eine ganz persönliche nehme, statt sie als Teil des großen sich entwickelnden kosmischen Dramas zu sehen. Ich weiß ganz sicher, daß alles vorherbestimmt ist, und ich glaube mehr oder weniger an Karma. Trotzdem kämpfe ich und leide. Allerdings leide ich weniger als früher, und ich bin nicht mehr so verzweifelt über das Leiden wie früher.

Also habe ich noch eine weitere – halbe – Edle Wahrheit hinzugefügt, die da lautet: »Das Leiden ist in den Griff zu bekommen.« Zwar bin ich nicht zum Ende des Leidens vorgedrungen, an dessen Möglichkeit ich jedoch fest glaube, aber ich bin zufrieden damit, mit meinen Leiden besser umgehen zu können. Da ich weiß, daß man das Leiden in den Griff bekommen kann, fürchte ich den Schmerz nicht mehr so sehr wie früher. Heute erzähle ich meinen Studenten oft geradeheraus, daß, obwohl Buddha lehrte, daß das Ende des Leidens möglich ist, ich selbst dort noch nicht angelangt sei. Sie sind nicht entsetzt. Noch scheine ich meine Glaubwürdigkeit zu verlieren. Sie halten es für eine großartige Nachricht, daß man mit dem Leiden leben lernen kann.

Diese zusätzliche Hälfte einer Edlen Wahrheit läßt mich auch mitfühlender mir selbst und anderen gegenüber sein. Ich bemerke, wie ich in meinen Erlebnissen gefangen bin, wie ich kämpfe, wie ich leide, wie ich wünsche, ich würde das nicht, und wie letztendlich sich die Dinge verändern und lösen. Ich bin gütiger mir selbst gegenüber, wenn ich sehe, wieviel Schmerz ich in meinem Geist aufwühle durch dessen eigenes konditioniertes Verhaftetsein. Zu akzeptieren, daß ich trotz der Jahre der Übung und trotz Weisheit und Verständnis, die ich vielleicht habe, weiterhin leide, macht mich empfänglich für den *ungeheuren* Schmerz all der Menschen, mit denen ich diesen Planeten teile.

Mein Herz hält immer noch fest

In einem Liebeslied würde die Zeile »Mein Herz hängt an dir« ein wünschenswertes Gefühl ausdrücken. Wir wünschen uns, daß Herz und Gedanken unseres Liebsten an uns hängen. Im Verständnis der Buddhisten ist das Anhängen, das Anhaften, die Wurzel des Leidens. Trotzdem hängt mein Herz an etwas. An guten Tagen tut es das weniger stark als früher.

Als ich mit dem Meditieren begann, machte es mir große Freude, Geschichten über Buddha und seine Lehren zu lauschen. Lange bevor ich selbst eine Ahnung davon hatte, wie man den Geist beruhigen kann oder was Freiheit wirklich ist, liebte ich es, Geschichten über die Möglichkeit der Freiheit zu hören.

Die frühen Geschichten über Buddha sind unglaublich. Normalerweise beginnt eine solche Geschichte mit der Beschreibung des jeweiligen Ortes, an dem Buddha lehrte, und mit der Nennung der wichtigsten Leute, die gekommen waren, um ihm zuzuhören: »Der und der erwies dem Buddha seine Ehrerbietung und setzte sich dann nieder, um der Darlegung zu lauschen ... Und der Gesegnete sprach die folgenden Worte«, und es folgt eine Rede, in der Buddha die Natur, das Wesen, der Dinge beschreibt. Meist enden diese Geschichten mit den Worten: »Als der und der dies vernahm, erlangte er die vollkommene Erleuchtung« oder: »Als die Versammlung dies hörte, wurden alle vollkommen erleuchtet«. Oder anders ausgedrückt: »Und ihre Herzen wurden befreit von allen verderblichen Einflüssen, weil sie an nichts mehr hafteten.« Ich liebe das. Während all der Jahre der Übung, die auch heute noch andauert, stellte und stelle ich mir jedesmal, wenn ich jemanden eine solche Darlegung wiedergeben höre, vor, daß dies jetzt möglicherweise der Zeitpunkt meiner eigenen vollkommenen und endgültigen Befreiung sein wird. Denn wenn dies in den Tagen des Buddha geschehen konnte, dann ist es sehr wohl auch heute möglich. Mir ist es nur noch nicht widerfahren.

Eine Möglichkeit zu verstehen, warum dies nicht so leicht geschieht, ist, sich den Geist als etwas vorzustellen, das an bestimmte eingeschliffene Reaktionsweisen gewöhnt ist. Geistige Gewohnheiten sind nur schwer zu verändern. Ich pflegte früher jedesmal Kopfschmerzen zu bekommen, wenn ich mich ärgerte, weil ich nicht wußte, wie ich meinen Unwillen richtig ausdrücken sollte. Heute kann ich Ärger viel besser ausdrücken, aber manchmal brauche ich die Kopfschmerzen, um mich selbst daran zu erinnern, daß ich ärgerlich bin. Auch bin ich vollkommen davon überzeugt, daß Leiden entsteht, wenn ich mit Ereignissen in meinem Leben kämpfe, die ich nicht ändern kann. Trotzdem bestehe ich manchmal darauf zu kämpfen. Gewohnheiten sterben nur mühsam.

Ich habe eine Theorie entwickelt, warum es so schwer ist, die psychischen und spirituellen Angewohnheiten wieder zu »löschen«. Ich nenne sie die T-Shirt-Theorie des Geisteswandels. Es gab mal einen TV-Werbespot, der eine Mutter zeigte, die das T-Shirt ihres Sohnes hochhielt und die Stellen zeigte, wo er es mit Erdnußbutter und Marmelade beschmiert, mit Schokoladeneis bekleckert und sich auf dem Boden gewälzt hatte beim Football. Sie steckte das T-Shirt in die Waschmaschine, zusammen mit einem bestimmten Waschmittel, das der Zuschauer kaufen sollte. Als sie es herausnahm, war nicht ein Fleck zurückgeblieben – das gute Stück sah aus wie neu.

In meinem ganzen Leben habe ich es noch nie erlebt, daß ein T-Shirt wie neu aus der Waschmaschine kommt. Immer hat es ein bißchen Farbe verloren, und bei den seltenen Gelegenheiten, da wirklich aller Schmutz herausgewaschen wurde, hat es seine makellose Form eingebüßt. Anzeichen dafür, daß das T-Shirt schon mal getragen wurde, haften ihm für immer an. Ich denke, mit dem Geist ist das genauso, und ich glaube, das ist auch gut so. Wenn wir wissen, welche Seite des T-Shirts etwas kürzer ist, können wir es auf dieser Seite etwas straffer wegstecken, und schon sieht es perfekt aus.

Wenn mein Geist an nichts haften würde, wäre ich absolut furchtlos. Nichts könnte mich erschrecken, denn es gäbe nichts, das zu verlieren ich Angst hätte, und nichts, das ich bräuchte, um glücklich zu sein. Aber mein Geist hängt immer noch an Menschen und Dingen, so daß ich manchmal Angst habe, daß plötzlich fort sein könnte, was ich zu brauchen meine, oder daß ich nicht bekomme, was ich zu wünschen glaube. Das ist für mich kein so großes Problem mehr, denn Furcht erschreckt mich nicht mehr so sehr wie früher. Ich weiß, daß sie kommt, weil ich an etwas hänge, und ich weiß, sie wird vorübergehen. Ich kann zu mir sagen: »Ich ängstige mich jetzt, weil ich, obwohl ich die Wahrheit kenne, sie in diesem Augenblick vergessen habe. Ich weiß, daß die Möglichkeit besteht, mich wieder daran zu erinnern.« Diese Möglichkeit, diese Überzeugung gibt mir eine Menge Hoffnung auch mitten in der größten Furcht.

Die Vierte Edle Wahrheit:
der Achtfache Kreis

Angenommen, wir benützten eine Reise-Metapher für die allgemeine spirituelle Suche. Die wichtigste Wegbeschreibung, die Buddha für die Reise zu Glück und Harmonie anbietet, wird als Achtfacher Pfad bezeichnet, aber ich habe oft gedacht, sie sollte der Achtfache Kreis genannt werden. Ein Pfad führt von hier nach dort, und je näher man dem Dort kommt, um so weiter entfernt man sich vom Hier. Ein Pfad ist etwas Vorwärtsführendes, wie eine Leiter, und so wie man nicht plötzlich auf die fünfte Sprosse einer Leiter springen und dann weiterklettern kann, müßte man bei einem richtigen Pfad am Anfang beginnen und geradewegs bis zum Ende gehen. Einem Kreis kann man sich an jeder beliebigen Stelle anschließen, und es ist derselbe Kreis.

Als Buddha seinen Pfad lehrte, sagte er, daß dieser aus einer bestimmten Anzahl von Teilen besteht. Die Menschen könnten sicher sein, daß sie auf dem richtigen Weg seien, wenn sie irgendeines der besonderen acht Kennzeichen sähen. Diese Zeichen sind: Rechtes Verstehen, Rechtes Streben, Rechtes Handeln, Rechte Rede, Rechte Lebensführung, Rechtes Bemühen, Rechte Konzentration und Rechte Achtsamkeit. Reisende, die irgendeinen dieser Wegweiser sehen, wissen dann, daß sie auf dem Weg zur Glückseligkeit sind.

Die Reihenfolge, in der der Reisende diese Wegzeichen sieht, ist nicht von Bedeutung. Wenn wir eines dieser Zeichen genau anschauen, wird klar, daß ein jedes alle anderen in sich birgt. Selbst ein winziges bißchen des Rechten Verständnisses, nur der *Verdacht*, daß es möglich sein könnte, zufrieden zu sein, auch wenn uns nichts Angenehmes widerfährt, weckt das Rechte Streben, viel Rechtes Bemühen einzusetzen, um mehr Rechtes Verständnis zu entwickeln. Jeder, der sich in der Rechten Rede übt, der sich vergewissert, daß jedes einzelne Wort, das er sagt, sowohl aufrichtig wie auch hilfreich ist, entdeckt, daß einem dies nicht gelingen kann ohne die Rechte Achtsamkeit. Rechte Achtsamkeit bedeutet, in jedem Augenblick achtzugeben, und wer das tut, wird bald entdecken, daß er auch die Rechte Konzentration hat. Selbst wenn jemand sagte: »Achtfach ist zu kompliziert. Ich möchte nur eine Übung machen, die sich auf eine Sache bezieht«, wäre dies nicht möglich. Es ist alles miteinander verwoben.

Die Reise in die Glückseligkeit kannst du überall beginnen. Wo immer du gerade stehst, kannst du starten. Und doch zögere ich, die Übung einen Kreis zu nennen. Selbst ein kleiner Kreis braucht viel Platz, und Platz erweckt automatisch die Vorstellung von einem *Hier* und einem *Dort*. Es gibt kein *Dort*. Wenn wir zum Glück erwachen, werden wir mehr hier sein als je zuvor. Aber da das Erwachen stattfindet und die Übung ihre Wirkung tut, müssen wir dem Ganzen irgendeinen Namen geben. Ich denke, es ist wohl mehr ein Achtfacher Punkt.

Rechtes Verstehen:
meine Freundin Alta und »der Wandel«

Wann immer die Menschen über Buddhas Formel für Glückseligkeit reden, sprechen sie zuerst über das Rechte Verstehen. Rechtes Verstehen bedeutet, daran zu glauben, zumindest ein bißchen, daß, obwohl das Leben *unvermeidbar* enttäuschend ist, es dennoch möglich ist, glücklich zu sein. Viele
sind sofort gefesselt von der Vorstellung, daß es eine Erste
Hilfe für die Traurigkeiten des Lebens gibt, zögern aber, an
das *Unvermeidbare* zu denken. Und dennoch ist es gerade
die Aussage über das Unvermeidbare, die befreiend wirkt,
denn ohne das würden wir glauben, die Dinge wären dauerhaft vollkommen gewesen, hätten wir uns nur ein bißchen
geschickter angestellt oder etwas intensiver bemüht. Nichts
wird dauerhaft vollkommen werden, denn nichts ist dauerhaft.

Das Gewahrsein des ständigen Wandels ist ein zentraler
Bestandteil der Weisheit, und obwohl Buddha viele Dinge
lehrte, sprach er über den ständigen Wandel buchstäblich mit
sterbendem Atem. Es soll sein vorletzter Satz gewesen sein:
»Vergänglich sind alle irdischen Dinge.« Das bedeutet: »Alles
ist im Wandel.«

Meine Freundin Alta war neunundsiebzig Jahre alt, als sie
starb. Ich hatte sie fünfundzwanzig Jahre zuvor kennenge-
lernt, als sie sich für einen Yoga-Kurs bei mir einschrieb. Sie
erzählte mir: »Mein Mann ist gerade nach langer Krankheit
gestorben, und ich bin dabei, mein Leben völlig neu zu gestalten.« Sie begann sich für Kurse über Bewußtseinserwei-

terung zu interessieren und belegte jedes Seminar, das ich je gegeben habe. Sie meinte, ich sei ihre Lehrerin, aber in Wirklichkeit war sie meine.

Die beispielhafte Alta-Geschichte passierte vor zehn Jahren. Sie verrenkte sich ihren Rücken, wahrscheinlich während ihres täglichen Dreimeilenjogging, und da ihre Schmerzen recht heftig waren, überredeten ihre Freunde sie, zum Arzt zu gehen.

»Wann sind Sie zum letzten Mal gründlich untersucht worden?« fragte Dr. S.

»Vor fünfunddreißig Jahren«, war Altas Antwort.

Dr. S.s Augenbrauen schossen in die Höhe. »Fünfunddreißig *Jahre?* Was ist mit Ihren Vorsorgeuntersuchungen und den Mammographien?«

»Hab ich nie machen lassen.«

»Und die Wechseljahre?«

»Habe ich hinter mir«, erwiderte Alta.

Veränderungen durchzumachen, darin war Alta wirklich sehr gut, und in dieser Hinsicht war sie mein Vorbild. Wir wurden Freundinnen und verbrachten viele regnerische Wintertage in ihrem Nähzimmer beim Schneidern – meistens waren die Kleider für mich. Ich erzählte von meiner Familie und sie über ihre – die Art von Unterhaltung, die Frauen eben haben, wenn sie zusammen nähen. Ich war oft erleichtert, daß Dinge, die für mich belastende Probleme waren, für sie keine großen Sachen zu sein schienen, und ich bemerkte, daß sie mir von einer Schwierigkeit in ihrer Familie erzählte, die mir *enorm* zu sein schien, während sie dabei einfach weiternähte, ohne einen Fehler zu machen. Ich wußte, sie war traurig, aber sie schien dennoch entspannt. »Regst du dich denn nicht darüber auf?« fragte ich dann. »Ich habe alles getan, was ich in diesem Punkt tun konnte«, antwortete sie mir darauf, »also macht es keinen Sinn, sich deshalb aufzuregen.«

Wenn wir einmal wirklich begriffen haben, daß sich alles verändert, können wir eine weisere Beziehung zu den Geschehnissen in unserem Leben haben. Wenn die Dinge schmerzhaft sind und wir sie nicht ändern können, können wir wenigstens sicher sein, daß unser Schmerz nicht für immer anhalten wird. Oft ist es der *Gedanke*, daß der Schmerz niemals enden wird, der ihn unerträglich erscheinen läßt. Menschen, die Freunde trösten wollen, die einen schmerzlichen Verlust erlitten haben, sagen Sätze wie: »Die Zeit wird die Wunden heilen«, aber es fällt dem Betroffenen schwer, dies zu glauben. In dem Augenblick hat man nicht das Gefühl, daß das wahr ist. Rechtes Verstehen bedeutet, daß man sich fürchterlich schlecht fühlt, sich daran erinnert, daß Schmerz endlich ist, und aus diesem Gedanken Trost schöpft. Und sich an den ständigen Wandel zu erinnern, selbst wenn alles erfreulich, sogar wundervoll ist, beeinträchtigt nicht die Empfindung des Glücks – es verstärkt sie.

Rechtes Streben:
sich darin üben, anders zu sein

Vor vielen, vielen Jahren, als ich Anfang zwanzig und das Fliegen für mich noch ungewohnt war, flog ich von Atlanta, Georgia, nach New York City. Es war ein regnerischer Tag, und die Propellermaschine flog nicht über den Wolken, so daß es eine Menge Turbulenzen gab. Ich umklammerte meine Armlehnen, biß die Zähne zusammen und zählte die Minuten bis zur Landung. Die »ältere Frau« (sie war vielleicht so alt wie ich heute) im Sitz neben mir schien völlig unbeeindruckt, nahm das vom Steward angebotene Mittagessen entgegen und aß. »Wieso hat sie keine Angst?« dachte ich. Als wir auf der Landebahn in New York aufsetzten, flüsterte ich: »Gott sei Dank!« Sie wandte sich mir zu und lächelte: »Sie nehmen mir das Wort aus dem Mund!« Ich konnte das kaum glauben. Auch sie hatte Angst gehabt, und dennoch hatte sie ruhig ihr Mittagessen verzehrt.

Meine Freundin Elizabeth mußte sich vor zehn Jahren die Brust amputieren lassen, und während ihr Ehemann Jim und ich vor dem Krankenzimmer warteten, kamen die Schwestern vorbei, um uns über ihren Zustand zu berichten, und sie erzählten uns, wie guten Mutes Elizabeth auf dem Weg zur Operation gewesen war. Sie waren voller Bewunderung, wie entspannt sie gewesen zu sein schien und wie furchtlos. Ich erzählte Elizabeth später, was die Schwestern gesagt hatten. »Hattest du denn gar keine Angst?« fragte ich. Sie antwortete lachend: »Ich hatte furchtbare Angst, aber ich sah keinen Sinn darin, die anderen damit zu belasten.«

Weder die Frau im Flugzeug noch meine Freundin Elizabeth verleugneten ihre Gefühle. Keine von beiden war besonders glücklich über das, was vorging, aber keiner von beiden blieb eine Wahl. Sie konnten nur die Haltung wählen, in der sie die kritische Zeit hinter sich brachten. Die Möglichkeit zu haben, seine Haltung in solchen Situationen selber zu bestimmen, scheint mir eine große Befreiung zu sein. Vielleicht ist das die tiefste Bedeutung von »Wahlfreiheit«.

Das Rechte Streben entwickelt sich im Geist, sobald wir verstanden haben, daß eine Wahlfreiheit existiert. Das Leben wird seinen Gang gehen, auf welche Weise auch immer: angenehm oder unangenehm, enttäuschend oder aufregend, erwartet oder unerwartet – oder alles zusammen! Welche Erleichterung ist es zu wissen, daß, welche Welle auch immer uns trifft, wir von ihr uns souverän tragen lassen können. Wenn wir mit der Zeit darin richtig gut werden, könnten wir uns wie Surfer an den schwierigsten Wellen am meisten erfreuen.

Rechtes Streben, übersetzt in Begriffe des täglichen Geschehens, ist der Entschluß, sich auf eine Art und Weise zu verhalten, die die Grenzen der konditionierten Erwiderung erweitert. Wenn ich starke Muskeln heranbilden möchte, muß ich jede Gelegenheit nutzen, mit Gewichten zu üben. Will ich auf eine Weise leben, die liebevoll und großzügig und furchtlos ist, dann muß ich mich darin üben, jede Neigung zu überwinden, ärgerlich oder gierig oder verwirrt zu sein. Das Leben ist eine phantastische Sporthalle. Jede Situation ist eine Gelegenheit zu üben. In buddhistischer Ausdrucksweise wird das die Entwicklung des Nichthasses, der Nichtgier und der Nichttäuschung genannt.

Ronnas Großmutter

Ronnas Großmutter übte sich ständig darin, voller Ärger zu leben. Während der letzten dreißig Jahre ihres Lebens führte sie eine unausgesprochene Fehde mit Ronnas Mutter. Dieser Krieg wurde sogar fortgesetzt, als ihr Gedächtnis nachließ. Eines Tages, nicht lange vor ihrem Tod, fragte die alte Frau Ronna: »Weißt du eigentlich, warum ich auf deine Mutter so böse bin?« Ronna erinnerte sich *genau*, aber sie entschied, es sei nicht hilfreich, diese Sache wieder aufs Tapet zu bringen. »Nein«, antwortete sie, »ich weiß es nicht mehr.« – »Ich auch nicht«, erwiderte die Großmutter, »aber ich weiß, daß ich wütend bin.«

Den Ärger-Muskel so intensiv zu trainieren, daß er schon automatisch arbeitet, erscheint mir als etwas sehr Trauriges. Es entsetzt mich immer, wenn ich jemanden sagen höre: »Ich werde dem und dem niemals vergeben, solange ich lebe!« Dann denke ich mir: »Was für eine furchtbare Wahl diese Person doch getroffen hat. Sie ist von dem anderen schon tief verletzt worden, und nun will sie diesen Schmerz noch lange nach dem Vorfall fortdauern lassen, indem sie ihn in ihrem Gedächtnis verankert.« Das Bild, das mir dabei vor Augen steht, stammt aus einem Western, in dem ein Sheriff einen Raufbold in eine Gefängniszelle steckt, die Tür zumacht, aber nicht verschließt. Der Witz ist, daß der Gefangene ruft und an den Gitterstäben rüttelt, und der Zuschauer weiß ganz genau, er müßte nur die Türklinke herunterdrücken und könnte heraus.

Manchmal, scheint mir, gehen wir sogar noch einen Schritt weiter, als nur an den Gitterstäben zu rütteln. Statt uns selbst zu retten, pflegen wir unsere selbstgerechte Entrüstung, indem wir unseren Groll immer wieder aufwärmen. Das kann man mit jemandem vergleichen, der den Schlüssel zu seiner Zelle in der Hand hat, durch die Gitterstäbe langt, sich selbst einsperrt und danach den Schlüssel so weit wegwirft, daß er ihn nicht mehr erreichen kann.

In einer berühmten Predigt in der Jetavana-Grotte lehrte Buddha, daß Leute, die immer wieder darüber nachdenken, wie sehr sie doch mißhandelt oder gekränkt wurden, ihren Haß nie loswerden. Menschen, die fähig sind, solche Gedanken aufzugeben, fuhr er fort, sind fähig zu lieben. Ich erklärte das eines Tages gerade einer Klasse, als ein Schüler herausplatzte: »*Natürlich* ist das wahr, Sylvia. Vergebung ist der Preis, den du für Freiheit zahlen mußt.« – »Tom«, sagte ich, »das ist ein großartiger Satz. Kann ich ihn für meinen Unterricht verwenden?« Er antwortete: »Sicher, du mußt nur immer dazusagen: ›Das hat Tom gesagt‹.« Und daran habe ich mich gehalten.

Mary Kay und die Zwiebeln

Man weiß nie, wann oder weswegen ein Anfall von Neid ausbrechen kann. Das Rechte Streben ist der Versuch, solche Anwandlungen von Anfang an abzuwehren. Meine Freundin Mary Kay und ich setzten letzten Herbst Zwiebeln, direkt bei Vollmond im Oktober. Der Almanach sagt, daß das Pflanzen bei Vollmond die beste Ernte bringt. Diese Arbeit geht langsam voran, denn jeder zarte Zwiebelsetzling muß einzeln gepflanzt werden, aber es macht auch Spaß, weil es angenehm kühl ist und wir Zeit haben, miteinander zu plaudern.

Wir gratulierten uns gegenseitig, daß wir es geschafft hatten, an diesem unter dem günstigsten Stern stehenden Tag zu pflanzen, und ich sagte: »Was ist, wenn wir wirklich eine ganz *außerordentlich große* Ernte haben? Meinst du, die Zwiebeln werden sich halten, wenn wir sie unter dem Haus aufbewahren? Müßten wir sie trocknen? Zerkleinern die Leute sie und geben sie in Tüten abgepackt in den Gefrierschrank?« – »Wir könnten sie auch der Suppenküche schenken«, antwortete Mary Kay, »oder dem Obdachlosenasyl.« Mary Kay ist Leiterin eines Obdachlosenasyls, und ich bringe oft Sachen dorthin. Doch in diesem Moment wußte ich genau, ich würde eher zum Markt gehen und eine Lastwagenladung Zwiebeln für das Heim kaufen, aber die Zwiebeln aus diesem Garten, die wollte ich selber essen. Eine Zwiebel ist nichts weiter als eine Zwiebel, und ich pflanzte sie, weil mir das Pflanzen Spaß machte, nicht weil ich mir keine Zwiebeln kaufen konnte, und dennoch fühlte ich nur beim Gedanken an einen zukünftigen Verlust einen Stich. Es bereitet echte Schmerzen, wenn der Geist habgierig von dem Besitz ergreift, was er zu brauchen meint – selbst wenn es nur eine Zwiebel ist. Ich vermied das potentielle zusätzliche Leid, das es mir bereiten würde, meine Habgier zu bekennen, indem ich sie überwand. »Natürlich machen wir das«, sagte ich, und ich meinte es auch so. Es war eine große Erlösung für mich.

Im Jimtown-Geschäft von Alexander Valley in Kalifornien, meinem Wohnort, gibt es ein Schild mit der Aufschrift: »Freiheit ist nicht der Freibrief, alles zu tun, was du tun möchtest. Es ist die Freiheit, das zu tun, was du tun sollst.«

Collin und das Kloster

Vor einigen Jahren gelobte ich mir selbst, wenn etwas mir Angst einjagte, aber dennoch zu dem gehörte, was ich vernünftigerweise von mir erwarten konnte, dann würde ich es in Angriff nehmen. Meine allgemeine Leitlinie: »Wenn andere Leute das tun, dann kann ich es auch« beflügelte mich, einige Dinge anzupacken, vor denen ich sonst zurückgeschreckt wäre. Dieses Gelübde erlaubte mir, mit dem Sporttauchen anzufangen und die staunenswerte Unterwasserwelt zu erleben, und es gab mir bei meinen intensiven und außergewöhnlichen Meditationserlebnissen die Kraft zu einer genauen Betrachtung der überraschenden inneren Welt.

Ängstlichkeit ist eine Geisteshaltung. Einige Leute haben davon mehr als andere, sie ist immer etwas Selbstgewähltes. Von Furcht gefangen zu sein ist eine Form der Selbsttäuschung. Entweder kann ich etwas tun oder ich kann es nicht. Wenn ich es wirklich nicht kann – ich bin technisch unbegabt, also wäre es unklug, ein Flugzeug zu lenken –, dann tue ich es auch nicht. Wenn ich es aber tatsächlich kann, und es wäre für mich von Wert, dann treibe ich mich selbst dazu an. Eines Tages erfuhr ich, daß Furcht eine Serie von Entladungen der Nervenzellen im Gehirn ist, und ich wehrte mich gegen das Gefühl, ein Gefangener zerebraler Zuckungen zu sein.

Großmütter haben oft die Rolle eines geistigen Lehrers. Meine Großmutter war mein erster Lehrer, und ich hoffe, daß ich ihre Tradition fortführen werde. Die Lektion, die ich am besten von ihr lernte, war, Tapferkeit angesichts unangenehmer Situationen zu zeigen. »Wo steht geschrieben«, pflegte sie zu fragen, »daß du immer glücklich sein sollst?«

Ich nahm meinen Enkel Collin zu einem Besuch bei Mary mit, als er drei Jahre alt war. Mary ist Dominikanerin und lebte zu dieser Zeit in einem wundervollen, mächtigen Kloster, das ihrem Orden lange Jahre als Mutterhaus gedient hatte. Der Eingang hatte große, schwere und eindrucksvolle Türen, zu denen ein langer Treppenaufgang führte. Mary hatte mir einmal erzählt, wie furchterregend sie es vor dreißig Jahren als Novizin empfunden hatte, durch diese großen Türen zu treten. Collin mochte den Eingang auch nicht. »Ich mag diese Treppen nicht, Großmutter. Ich möchte wieder nach Hause.«

»Es ist noch nicht Zeit, nach Hause zu gehen. Wir wollen jetzt Tante Mary besuchen.«

»Ich mag diese Treppen *wirklich* nicht, Großmutter.«

»Du mußt sie nicht mögen, Collin. Du sollst sie nur hinaufgehen. Nimm meine Hand, und wir werden das zusammen tun.«

Natürlich machten wir unseren Besuch, und Collin hatte viel Spaß. Er kam als Meister der langen Treppenaufgänge heraus. »Schau dir nur diese Treppen an, Großmama!« Er fühlte sich gut nach seinem Sieg, und ich fühlte mich gut, weil ich mit seinem geistigen Training begonnen hatte. Ich erzähle diese Geschichte von Collin oft meinen Schülern, besonders während Meditationsklausuren. Ich erzähle sie, wenn die Leute sagen: »Ich erfahre mich selbst und meinen Geist auf neue Weise, deshalb habe ich Angst.« Ich möchte, daß sie wissen, daß Neues, Ungewohntes oft Angst auslöst, aber daß das nicht zwangsläufig so sein muß. Wenn jemand unsere Hand hält, wandelt sich »ängstlich« in »interessiert«, und »interessiert« ist einer der auslösenden Momente von Erleuchtung.

Rechtes Handeln

Ethische Verhaltensregeln sind meistens mit Verboten verbunden: Tu dies nicht, tu das nicht. Alle spirituellen Überlieferungen, die ich kenne, haben mehr oder weniger dieselbe Liste von Punkten, die mit »Du sollst nicht...« anfangen. Das hat seinen Sinn, denn jedes »Du sollst nicht...«, selbst wenn es sehr speziell ist, zielt in dieselbe Richtung: Sie alle behandeln ausführlich das Gewahrsein, das heißt, wenn wir nicht wachsam sind, werden unsere natürlich entstehenden Impulse des Neids und des Ärgers uns dahin bringen, etwas Ausbeuterisches oder Mißbräuchliches zu tun. Die wichtigste Regel heißt: »Verursache keinen Schmerz.«

Wenn in traditionellen buddhistischen Texten über das Rechte Handeln gesprochen wird, werden die Begriffe *hin* und *ottappa* benutzt, gewöhnlich als »moralische Scham« und »moralische Furcht« übersetzt. Scham und Furcht haben im Englischen einen bedrohlichen Unterton, aber ich ziehe diese Begriffe dennoch vor. Ich schätze die Aura furchteinflößender Verantwortlichkeit, die sie übermitteln sollen. Insgesamt wollen sie ausdrücken, daß jede einzelne Handlung, die wir begehen, die *Möglichkeit* in sich birgt, Schmerz zu verursachen, und daß auch alles, was wir tun, Konsequenzen hat, die viel weitreichender sind, als wir es uns vorstellen können. Das soll nicht heißen, daß wir nicht handeln sollten. Es bedeutet, daß wir sorgfältig überlegt handeln sollten. Denn alles ist von Bedeutung.

Mein Großvater und die Orangen

Solange ich mich erinnern kann, kenne ich die Geschichte von meinem Großvater und den Orangen, aber ich vermute, ich habe die Geschichte von ihm gehört, als ich neun oder zehn Jahre alt war. Wahrscheinlich hatte ich ihn gefragt, warum er nicht Auto fahren kann, da er schließlich an einer Tankstelle als Tankwart arbeitete.

»Als ich nach Amerika kam«, sagte er, »war ich fünfundzwanzig Jahre alt und jemand versuchte, mir das Radfahren beizubringen. Es fiel mir schwer, das Gleichgewicht zu halten, und eines Tages fuhr ich versehentlich eine Frau an, die Einkaufstüten trug. Eine Tüte fiel zu Boden, und über die Straße rollten Orangen. Ich war von den Unannehmlichkeiten, die ich verursacht hatte, so betroffen, daß ich nie mehr irgend etwas fahren wollte!«

»Aber das war doch nur ein einziges Mal!« protestierte ich.

»Darum geht es nicht«, antwortete er. »Als ich einmal erlebt hatte, wie es war, jemanden anzufahren, wollte ich nie wieder jemanden anfahren.«

Das war vielleicht eine recht hohe Stufe des *hiri* und *ottappa*, aber ich bewunderte meinen Großvater sehr ... Und im Laufe der Jahre, als ich die Geschichte immer und immer wieder hörte, bemerkte ich, daß mein Großvater mit dieser Entscheidung sehr glücklich war. Er lebte seinen Wunsch aus, niemanden zu verletzen, oder, wie er es ausdrückte: »Ich wollte nie irgend jemandem irgendwelche Schwierigkeiten machen.«

Die verstärkende Rechte Handlung:
Erste Hilfe im Flugzeug

Verbote sind nur die eine Hälfte des Rechten Handelns. Die andere Hälfte liegt darin, jede Gelegenheit zu ergreifen, um Schmerz zu lindern. Die ganze Welt anzunehmen ist viel mehr als nur eine edle Geste zum Wohl der anderen: Es ist eine feine Sache für einen selbst.

Im nachhinein war ich manchmal sehr traurig darüber, daß ich eine Gelegenheit verpaßt hatte, auf eine Art und Weise zu handeln, mit der ich das Leiden eines anderen erleichtert hätte. Eine solche Chance verpaßte ich vor fünf Jahren in einem Flugzeug, und ich habe mich seitdem oft daran erinnert und diese Erfahrung in meinen Unterricht eingebaut. Letzte Woche verpaßte ich beinahe eine weitere Gelegenheit, bei einer anderen Flugreise, aber ich habe mich gerade noch rechtzeitig gefangen. Danach fragte ich mich, ob mein erster Fehler wohl von meiner jetzigen Korrektur ausgelöscht worden sei, und ich entschied, daß diese Überlegung nicht von Bedeutung ist. Das Rechte Handeln ist ein ständiges Gebot. Es gibt kein Gleichgewicht, keinen Augenblick, an dem wir das Punktekonto ausgeglichen haben. Wenn Handeln erforderlich ist und eine hilfreiche Handlung ausgeführt werden kann, dann muß sie ausgeführt werden. Das klingt, als sei es eine große Aufgabe, wie das Gelübde des Bodhisattva, alles Leiden zu beenden, und das ist es auch. Dennoch ist es keine schwierige Aufgabe. Die Entscheidungen werden leichter. Da man dem nicht entgehen kann, besteht die einzige Aufgabe darin herauszufinden, was hilfreich ist, und es zu tun.

Erste Hilfe im Flugzeug I: der Fehler

Ich saß angeschnallt in meinem Sitz, als die letzten Passagiere das Flugzeug für den Flug Boston-San Francisco bestiegen. Der gereizte Ton in der Stimme der Mutter erregte zuerst meine Aufmerksamkeit. Ich schaute auf und sah, daß ihr Gesicht angespannt und rot angelaufen war. Ihr kleiner Sohn sah blaß und ängstlich aus. Sie kämpfte mit ihrem Bordgepäck und schob den kleinen Jungen vor sich her zu ihren Sitzen, dabei schimpfte sie bei jedem Schritt auf ihn ein. Ich zuckte zusammen, haderte in Gedanken mit ihr und schaute weg.

Es war ein Sechsstundenflug. Mutter und Sohn saßen ein paar Reihen hinter mir, und von Zeit zu Zeit hörte ich, wie sie sehr unwirsch mit ihm sprach. Jedesmal, wenn ich das hörte, regte ich mich auf. Ich wünschte mir, ich hätte ein anderes Flugzeug genommen. Ich fühlte mich von dieser Frau gestört, weil sie mir den entspannenden Flug, auf den ich gehofft hatte, verdarb. Ich machte mir Sorgen um den Jungen und entwarf mehrere düstere Szenarien, was wohl aus seinem Leben werden würde. Ich dachte darüber nach, wie diese Frau eines Tages bestimmt von der Erinnerung an ihre Handlungen gequält werden würde. Ich tat alles – außer helfen. Und ich meine, ich hätte ihr helfen können.

Damals sah ich keine Möglichkeit, mich einzumischen. Vielleicht fühlte ich mich so verärgert, daß ich befürchtete, ich könnte mit etwas sehr Unfreundlichem herausplatzen. Vielleicht hatte ich auch Angst, sie könnte wütend werden.

»Was könnte ich schon sagen«, fragte ich mich, »das wirklich helfen würde?«

Das Flugzeug landete, und die Frau verschwand mit ihrem Jungen in der Menge. Dann, vielleicht weil meine Flut von Urteilen über sie stoppte, wußte ich plötzlich, was ich hätte tun können. Ich hätte neben ihrem Sitz stehenbleiben können, sie anlächeln und sagen: »Es ist nicht einfach, allein mit einem Kind zu reisen. Auch ich habe das früher getan, und ich erinnere mich noch daran. Wie lange sind Sie schon unterwegs? Mußten Sie lange am Flughafen warten?« Natürlich hätte ich ihr nicht *alle* diese Fragen gestellt. Eine oder zwei davon hätten ihr das Gefühl gegeben, daß ich ihre Verzweiflung bemerkt hatte und genügend Anteil nahm, sie zu fragen. Das hätte ihr sicher geholfen.

Wer weiß, was geschehen wäre, wenn ich mich mit ihr unterhalten hätte? Vielleicht hätte ich ihr etwas Nützliches über Kindererziehung erzählen können. Vielleicht hätte ich ihr Interesse dafür wecken können, ihr Verhalten zu ändern. Vielleicht wäre das Leben dieses kleinen Jungen anders verlaufen.

Was ich hätte tun können, schien mir ganz klar zu sein im nachhinein, als es zu spät war, es zu tun. Mich plagten Gewissensbisse. Die Buddhisten sprechen von Handlungen, die andere Handlungen »konditionieren«, und mein unterlassenes Handeln hatte meine Entschlossenheit zur Folge, es das nächste Mal besser zu machen.

Erste Hilfe im Flugzeug II: die Korrektur

Fünf Jahre später saß ich in meinem Sitz auf dem United-Flug Nr. 33 von Boston nach San Francisco. Ich freute mich darauf, sechs Stunden Zeit zu haben, um zu schreiben, denn ich hatte nur noch ein paar Wochen bis zum Abgabetermin des Manuskripts für dieses Buch. Die Frau neben mir fühlte sich offensichtlich unwohl, rutschte auf ihrem Sitz hin und her, wollte mich unbedingt in eine Unterhaltung verwickeln. Sie erzählte mir, sie habe sich vergangenen Herbst ihr Steißbein verletzt, und sie hätte immer noch Schmerzen beim Sitzen. Sie erklärte mir, sie sei unglücklich, weil ihr der Flug zu lange dauerte, um ohne eine Zigarette auszukommen.

Ich dachte mir, ich unterhalte mich ein paar Minuten mit ihr, dann wird sie sich hoffentlich beruhigen, so daß ich wieder schreiben kann, ohne unhöflich zu erscheinen. Ich blätterte in meinen Unterlagen auf eine Weise, die ausdrücken sollte, daß ich gern arbeiten wollte. Jedesmal, wenn wir ein Thema beendet hatten und ich mich abwenden wollte, begann sie wieder mit einer neuen Sache.

Das Mittagessen kam und wurde wieder abgeräumt. Ich hatte gehofft, daß unsere Unterhaltung während des Essens mir hinterher gestatten würde, das Schreiben ernsthaft wieder aufzunehmen, aber ich hatte mich getäuscht. Je länger der Flug dauerte, um so unruhiger wurde sie. Ihr Rücken tat ihr weh, und es fiel ihr schwer, nicht zu rauchen.

Eigentlich war sie es, die verhinderte, daß ich einen Fehler machte. Wir hatten über unsere Berufe gesprochen, und sie stellte mir endlose Fragen darüber, wie die Arbeit eines Meditationslehrers denn aussähe: Wen ich unterrichte? Ob das, was ich lehrte, Menschen in großem Streß helfen würde? Ob das schwer zu erlernen sei? Wie könnte sie so etwas lernen? Eifrig bat sie mich, die Titel von Büchern und Kassetten zu diesem Thema aufzuschreiben und Orte zu nennen, wo sie Kurse machen könne.

Schließlich verstand ich. Ich sagte: »Möchten Sie, daß ich Ihnen jetzt zeige, wie man meditiert? Vielleicht würden Sie sich dann besser fühlen?«

»Ich glaube schon«, erwiderte sie, »ganz bestimmt.«

Ich legte mein Manuskript weg. Und dann gab ich ihr ein paar Meditationsanweisungen. Sie saß eine Weile ganz still da. Dann sprachen wir über ihre Empfindungen, die sie dabei gehabt hatte.

Sie meinte, sie fühle sich entspannter. Wir sprachen darüber, daß es schon genügte, daß sie sich ein bißchen besser fühlte, um sich sehr viel besser zu fühlen, denn jetzt war sie sicher, daß sie die Reise überstehen würde. Wir sprachen darüber, wie der Geist den Schmerz wahrnimmt und ihn größer macht, als er wirklich ist.

Langsam bemerkte ich, daß ich mich wohl fühlte. Und mir kam der Gedanke, daß es absolut grotesk war, ein Buch über die Freuden von selbstlosen Taten der Güte zu schreiben, darüber, mit Mitgefühl jede Chance zu ergreifen, die wir bekommen, und dabei einen Menschen, der direkt neben mir sitzt und leidet, zu ignorieren. Während der letzten halben Stunde des Fluges schlief sie ein, und ich schrieb etwas wirklich Gutes.

Rechte Rede: Wenn du jemandem dein Wort gibst, kann es für immer sein

Auf einem Schild im Jimtown-Geschäft in meiner Nähe steht:

> Sei achtsam mit deinen Worten,
> bereite mit ihnen keinem Menschen Verdruß,
> keinen Tag kannst du sicher sein,
> ob der Sprecher sie nicht mal selbst schlucken muß.

Ich denke viel über die Tatsache nach, daß die Rechte Rede von Buddha eigens angeführt wird. Es wäre logischer gewesen, die Rede beim Rechten Handeln einzuordnen, da Reden ja eine Form von Handeln ist. Eine Zeitlang dachte ich, es sei deshalb eine eigene Kategorie, weil wir so viel sprechen. Aber dann änderte ich meine Meinung – es gibt Leute, die *überhaupt nicht viel* reden. Inzwischen glaube ich, daß es ein besonderer Punkt ist, weil die Rede so mächtig ist.

Vor Jahren las ich in einer Zeitschrift einen Spruch, der mich beeindruckte. Es war ein Seitenfüller, der am unteren Ende einer Spalte stand, weil der Artikel davor nicht lang genug war. Ich erinnere mich nicht mehr, in welcher Zeitschrift das war und wovon der Artikel handelte, aber ich erinnere mich an den Satz. Er lautete: »Stöcke und Steine brechen mir vielleicht die Beine, aber Worte können mich dauerhaft verletzen.«

Manchmal sage ich zu meinen Schülern: »Wer sich schon mal etwas gebrochen hat, möge bitte die Hand heben.« Nach-

Übungen in fortgeschrittener Rechter Rede: Ist das, was ich sagen möchte, wirklich hilfreicher als mein Schweigen?

Die erste Stufe der Rechten Rede besteht darin, eine Situation nicht noch zu verschärfen, indem man Lügen erzählt oder jemanden absichtlich mit Worten verletzt. Die hochentwickelte Rechte Rede hält das Gleichgewicht von Situationen aufrecht, indem sie das destabilisierende Element des Klatsches nicht hinzufügt.

Klatschen heißt, über jemanden zu reden, der nicht anwesend ist. Abgesehen von den seltenen Gelegenheiten, wo es vielleicht richtig ist, Wunsch oder Not eines anderen zu übermitteln, ist Klatsch überflüssig. Geringschätzig über einen Dritten zu sprechen, lädt den Zuhörer dazu ein, den eigenen schmutzigen geistigen Raum zu teilen. Spricht man über einen Dritten bewundernd, könnte das im Zuhörer das Gefühl wecken, unwichtig zu sein. Warum spricht man dann nicht lieber über gegenwärtige Erfahrungen?

Hier ist eine Übung in fortgeschrittener Rechter Rede. Ab morgen früh klatschen Sie nicht mehr über Dritte. Beobachten Sie, was passiert, wenn Sie damit aufhören, Kommentare über Leute abzugeben, die nicht anwesend sind. Horchen Sie sorgfältig auf die Stimme in Ihrem Geist, wenn Sie drauf und dran sind, eine Bemerkung zu machen, und fragen Sie sich im stillen: »Warum will ich das sagen?« Das Gewahrsein der Motive ist der beste Weg herauszufinden, ob die Bemerkung, die Sie gerade machen wollen, Rechte Rede ist. Ist Ihre Absicht förderlich, entspringt sie dem Wunsch zu helfen? Oder wollen Sie damit angeben? Oder jemanden verunglimpfen?

Manchmal scheint Klatsch neutral zu sein, ein Versuch, Konversation zu machen, den Raum zu füllen, den die Rundfunksprecher »leere Luft« nennen. Ich glaube, wir tun das aus der Befürchtung heraus, unser Gegenüber könnte den Eindruck haben, wir seien nicht interessiert genug an ihm, um mit ihm zu reden. Es ist sehr wohltuend, mit jemandem zusammen zu sein und sagen zu können: »Ich habe eine wundervolle Zeit, und ich genieße es so sehr, mit dir spazierenzugehen (mit dir zu essen, mit dir Musik zu hören, mit dir Muscheln zu sammeln), daß wir gar nicht reden müssen.« Ich entstamme einem alten Geschlecht von Redeprofis, und so war es ziemlich überraschend für mich festzustellen, wie sehr ich das Schweigen der Meditationsretreats genoß, bei denen überhaupt nicht geredet werden darf. Mit einem anderen zusammen einen Salat anzurichten und dabei zu schweigen, hat etwas sehr Freundschaftliches. Es ist wirklich wahr, wenn man eine Woche lang einen schweigenden, salatanrichtenden Raum mit einem Fremden teilt, dann entwickelt sich das Gefühl, eng miteinander befreundet zu sein.

Eine sehr hochentwickelte Rechte Rede erfordert das Gewahrsein der Absichten bei jeder Kommunikation, nicht nur beim Plaudern. Nach einer Phase, in der ich den schweigenden Rückzug geübt hatte, begann ich, meine eigene Rede zu säubern. Als ich wieder nach Hause zurückkehrte, dauerte es mehrere Tage, bis meine Sprechweise wieder ihre übliche automatische Geschwindigkeit erreicht hatte. Ich war fähig zu bemerken, daß ich in dem Zeitraum zwischen dem Entstehen der Antworten aus meinem Mund genug Zeit hatte, mir über meine Motive klarzuwerden. Meine Absichten stellten sich als ganz ordentlich heraus, aber nicht als so hehr, wie ich immer geglaubt hatte. In vielleicht achtzig Prozent meiner Antworten ging es um die Mitteilung von Fakten, zehn Prozent der Zeit bewegte mich die Freude über die geschickte Art und Weise, in der ich sie präsentierte, und zehn Prozent der Zeit versuchte ich, das Urteil des Zuhörers zu lenken. Manchmal war es sogar noch schlimmer! Manchmal waren die letzten zehn Prozent ein verdeckter Seitenhieb, ein verstohlener Versuch, mich für eine tatsächliche (oder vermeintliche) Kränkung zu revanchieren.

Anfangs bestürzte es mich zu entdecken, daß ich mein Talent für differenzierten sprachlichen Ausdruck dafür benutzte, verstohlen unfreundlich zu sein, aber sobald ich mich entschloß, damit aufzuhören, fühlte ich mich besser. Die hochentwickelte Rechte Rede ist nicht allzu schwierig. Wenn man seinen Geist einmal darauf programmiert hat, nach verborgenen Botschaften zu suchen, tut er das ganz automatisch. Diese Veränderung hat mein Leben vereinfacht, denn ich habe jetzt nicht mehr so viele Aufräumarbeiten hinterher.

Die höchste Ebene der Rechten Rede ist Aufrichtigkeit bis zum n-ten Grad, die die Untadeligkeit der Gegenwart erfordert. Ich erfuhr davon von Jim, einem Psychologen, den ich bei einem Seminar zum buddhistisch-christlichen Dialog traf, auf dem wir beide unterrichteten. Ich hatte seine Bücher gelesen und freute mich, mit ihm essen zu gehen.

»Was hältst du von Tagesordnungspunkt A, Sylvia?« fragte er. (Ich nenne nur Buchstaben an Stelle von Themen, denn ich erinnere mich nicht mehr, über was wir sprachen, und was ich von Jim gelernt habe, hat mehr damit zu tun, *wie* wir sprachen als mit dem speziellen Thema.) »Ich halte davon dies, dies und das«, antwortete ich sofort. »Was denkst du von den Themen B und C?«

Er rührte sich nicht. »O je«, dachte ich, »vielleicht habe ich ihn beleidigt. Vielleicht sind diese Themen zu persönlich. Vielleicht waren es auch einfach zu viele Fragen.«

Nach einiger Zeit sagte er: »Was ich über B und C denke, ist dies und das. Und was hältst du von D?«

»Oh, D«, antwortete ich, »ich glaube dies und jenes. Was ist mit E und F?«

Wieder saß er ruhig da. Ich begann langsam zu begreifen, was da vor sich ging. Wenn ich ihn fragte, was er *dachte*, nahm er sich die Zeit, *nachzudenken*. In seinen Erwiderungen teilte er mir mit, was er jetzt dachte, nicht gestern oder letzte Woche. Ich fühlte mich geschmeichelt. Ich fühlte, daß er meine Fragen so sehr respektierte, daß er mir dazu seine wirklich aktuelle Wahrheit übermittelte.

Die Übung für die letzte Ebene der Rechten Rede ist die Zweiundsechzigste Regel für Unterhaltungen. Jedesmal, wenn eine Person eine Frage stellt, muß der Erwidernde sechzig Sekunden warten, bevor er antwortet. Da diese Pause vorgeschrieben ist, ist es wahrscheinlich, daß die Antwort Nachdenken, die Überprüfung der Absichten und eine Überlegung des Tonfalls beinhaltet – alles Voraussetzungen für eine weise Antwort.

Rechte Lebensführung:
Pearl und das Bügeln

Rechte Lebensführung scheint heutzutage schwieriger zu sein als zur Zeit Buddhas. Die Regel ist immer noch dieselbe: Rechte Lebensführung setzt eine Organisation der finanziellen Mittel voraus, ohne jemanden zu mißbrauchen, auszubeuten oder ihm Schaden zuzufügen. Jedoch ist heute nicht unbedingt offensichtlich, was mißbräuchlich und ausbeuterisch ist.

Zu der Zeit, da Buddha seine Lehren verkündete, waren die Kategorien einer unrechten Lebensführung noch leicht zu unterscheiden. Soldat sein, Sklavenhaltung, Herstellung von Waffen und Rauschmitteln – all das stand auf der Verbotsliste. Heutzutage dienen Soldaten manchmal als Friedensbewahrer. Es ist fast unmöglich, die moralische Qualität aller Produkte einer Gesellschaft zu kennen bei all den Firmenzusammenschlüssen. Wer weiß schon, was von den Tochtergesellschaften meiner Waschmittelfirma sonst noch hergestellt wird?

»Der und der ist ein sehr erfolgreicher Mensch« bedeutet oft »Soundso hat eine Menge Geld gemacht«. Es bedeutet nicht automatisch, daß Soundso ein ethischer, moralischer oder glücklicher Mensch ist. Die Lehren des Buddha über die Rechte Lebensführung schlossen Reichtum nicht aus – er lehrte jeden, auch Könige –, aber Reichtum war nicht die Voraussetzung. Die Voraussetzung war die moralische Qualität.

Für mich ist das vollständige Bild von zuträglicher Rechter Lebensführung sogar umfassender als die Verbote, die *äu-*

ßere Wahlmöglichkeiten betreffen. Zuträgliche innere Wahlmöglichkeiten – gesunde Einstellung gegenüber der eigenen
Arbeit – tragen auch zum geistigen Glück und zum inneren
Frieden bei. Die Lebensführung jedes Menschen ist eine Gelegenheit zur Selbstachtung.

Meine Freundin Pearl begann bei uns als Haushälterin zu
arbeiten, als meine vier Kinder noch ziemlich klein waren
und ich mit dem Hochschulstudium begann. Ich war stolz,
daß man mich an einer renommierten Universität angenommen hatte, und Pearl war froh über ihre neue Arbeit.

Pearl war eine gute Köchin, in dem herzhaften Stil des
Mittleren Westens, den meine Kinder so liebten. Sie machte bei Fahrgemeinschaften mit, dachte an Zahnarzttermine
und pflegte die Kinder, wenn sie krank waren. Eines Abends
kam ich von der Universität nach Hause, und sie hatte gerade
einen ganzen Berg Wäsche fertiggebügelt. Die gebügelten
Stücke hingen an einem Bügelbaum, ein Utensil, das nur
noch sehr wenige Leute besitzen.

»Pearl«, rief ich aus, »die Sachen sehen wirklich wundervoll aus!«

»Finde ich auch«, erwiderte sie. »Auf meine Bügelfertigkeit
bin ich wirklich stolz.«

Ich bin froh, daß ich Pearls Erwiderung bewußt wahrge-
nommen habe. Ich erinnere mich heute noch daran, über
dreißig Jahre später. Nicht, daß ich eine hochmütige Haltung
einnahm gegenüber praktischer Arbeit, das war es wirklich
nicht. Was ich in diesem Moment von Pearl lernte, war, daß
es nur die eine Seite der Medaille ist, *was* du äußerlich tust.
Was die Arbeit innerlich für dich tut, ist die andere Seite.

Rechtes Bemühen:
»Vergiß nicht, glücklich zu sein«

Die überlieferten Anweisungen für das Rechte Bemühen sind sehr deutlich. Buddha benutzte die besonderen Begriffe *zuträglich* und *nicht zuträglich*, mit denen er das bezeichnet, was entweder zu Glück führt oder zu Unglücklichsein.

Die Richtlinien sind: Achte darauf, ob zuträgliche Gefühle wie Freundlichkeit, Mitgefühl oder Großzügigkeit in deinem Geist gegenwärtig sind, und ermutige sie, zu wachsen. Übe, aufgrund dieser Gefühle zu handeln als einen Weg, Glück zu verursachen. Achte ebenso darauf, wenn nicht zuträgliche Gefühle wie Ärger und Gier in deinem Geist entstehen, und versuche, sie nicht zum Wachsen zu ermutigen. Überdies schlagen die Anweisungen vor, solche nicht zuträglichen Gefühle aus dem Geist zu entfernen.

Das ist leichter gesagt als getan. Gier und Ärger, zumindest in kleinen Ausbrüchen, haben einander verstärkende energetische Wirkung; sie sind verführerisch. Vor vielen Jahren fuhr ich einmal mitten in der Nacht zum Flughafen von Oakland, um meinen Mann abzuholen, der mit der Spätmaschine ankommen sollte. Die verlassene Autobahn war monoton. Ich begann schläfrig zu werden, und dann schreckte mich das Gefühl auf, ich könnte am Steuer einschlafen. Plötzlich, als mir alles mögliche durch den Kopf ging, fiel mir ein Problem ein, das ich mit einer entfernten Verwandten hatte, und ich empfand heftigen Ärger über das, was sie angeblich über mich gesagt hatte.

»Die hat vielleicht Nerven!« dachte ich, und in dem Moment fühlte ich mich wieder wach. Die aufrichtige Empörung, die mich ergriffen hatte, hatte meine Schläfrigkeit verjagt.

»Das ist ja großartig!« Ich gratulierte mir selbst zu dieser neuen Entdeckung. »Geistige Zustände sind formbar. Ich kann einen Zustand durch einen anderen ersetzen. Ich kann mich selbst wieder munter machen, indem ich an ärgerliche Dinge denke.«

Und das tat ich auch. Den ganzen Weg zum Flughafen kultivierte ich meinen Ärger und hielt im Geiste unterschiedliche Dialoge: Was ich gesagt hatte, was sie behauptet hatte, was ich gesagt hätte, was ich jedem darüber erzählen konnte, was sie gesagt hatte, was ich angeblich gesagt hätte. Als ich dann auf den Parkplatz des Flugplatzes einbog, war ich hellwach. Ich weiß es nicht mehr genau, aber ich vermute, ich war auch etwas nervös und reizbar – nicht die beste geistige Verfassung für ein Wiedersehen.

Zwei Tage später berichtete ich die ganze Geschichte dieser Autofahrt ausführlich meinem Lehrer, wobei ich erwartete, er würde mir zu meiner neuen Einsicht in die Beziehung von Körper und Geist gratulieren. Er lachte und sagte: »Sicher, es stimmt, daß man Geisteszustände austauschen kann. Allerdings«, fügte er hinzu, »hättest du dich auch mit dem Gedanken an Sex wachhalten können, das wäre sicher unterhaltsamer gewesen.« Es hätte mich wahrscheinlich auch in eine bessere Stimmung für das Wiedersehen versetzt.

Viel später begann ich zu begreifen, daß – abgesehen von kleinen Ausbrüchen von Begierde und Ärger, die natürliche Reaktionen des Geistes auf angenehme und unangenehme Erfahrungen sind – das Verweilen in jedem dieser Zustände öde ist. Länger andauernde Sehnsüchte und länger andauernde Abneigungen sind beide ermüdend und zermürbend. Sie schläfern den Geist ein. Das ist ein weiterer Grund dafür, daß sie so schwer zu vertreiben sind. Ich glaube, es erschöpft uns zu sehr, uns von ihnen zu befreien oder sie zu durchschauen. Wir brauchen Richtlinien, die uns dabei unterstützen. Manchmal brauchen wir Menschen, die uns dabei helfen.

Ich war unterwegs, um mit einer Freundin in die Oper zu gehen, und fuhr über die Golden Gate Bridge. Aus irgendeinem Grund war ich schlechter Laune. Ich achtete überhaupt nicht auf das weite Panorama der Bucht, die sich um San Francisco schmiegte, in dem die abendlichen Lichter aufflammten. Ich fädelte mich in eine der Spuren zu den Mauthäuschen ein und reichte dem Mann darin meine Dauerkarte. »Ich wünsche Ihnen einen wunderschönen Abend«, sagte er. Wusch! Ich hatte das Gefühl aufzuwachen.

»Was in aller Welt habe ich nur getan?« dachte ich. »Da bin ich auf dem Weg, um eine Freundin zu treffen, die ich sehr gern habe, um mit ihr etwas zu unternehmen, was ich liebe – und ich sitze hier und laß mich hängen.«

Zweifellos gibt es gerade in diesem Augenblick sehr traurige Dinge auf der Welt, auch in meinem Leben, aber mürrisch sein macht nichts besser. In Wirklichkeit macht es alles nur noch schlimmer. Buddha lehrte: »Jeder Augenblick des Geistes bedingt den nächsten.« Mürrisch sein läßt den Geist in der Langeweile seiner eigenen Geschichte versinken. Glücklich sein zieht den Geist wieder heraus und gibt ihm neue Kraft.

Sharon, von der ich die Meditation der liebevollen Güte gelernt habe, pflegte unsere Lehrer-Schüler-Gespräche mit den Worten zu beenden: »Und, Sylvia: Vergiß nicht, glücklich zu sein!« Lange Zeit dachte ich, es sei das unverbindliche »Ich wünsch dir einen schönen Tag«, das die Kalifornier automatisch sagen. Nach einer Weile begriff ich, daß dies eine Anweisung war.

Rechte Konzentration:
den Schlag abschwächen

Buddha lehrte, daß Rechte Konzentration die Fähigkeit ist, die Aufmerksamkeit auf eine einzige Sache zu richten. Wenn man die Aufmerksamkeit auf einen Brennpunkt lenkt, erzeugt das im Geist ganz bestimmte Qualitäten. Besonders wichtig ist eine Empfindung von Behaglichkeit, Gleichgewicht, Entspannung – ein Zustand, den traditionelle Texte als »Formbarkeit des Geistes« bezeichnen.

Ich hielt eine Zeitlang einen Kurs mit dem Thema »Handarbeiten als Konzentrationsübung«. Wir trafen uns zu zweistündigen Sitzungen im Meditationsraum. Die erste Stunde saß jeder schweigend da und handarbeitete. Die Leute strickten, häkelten, stickten oder machten Petit-point-Arbeiten. Die einzigen Geräusche waren das Klicken der Stricknadeln, das Wuschen des Fadens durch den Stramin oder den Stoff und, im Winter, der Regen, der gegen die Scheiben schlug. In der zweiten Stunde fuhren wir mit den Handarbeiten fort, aber wir unterhielten uns dabei.

Wir sprachen nie über die Dinge, die wir anfertigten. Wir sprachen über unser Leben, unsere Kämpfe, unsere Traurigkeiten. Wir sprachen zueinander aus dem Raum der Gelassenheit, und wir hörten einander zu aus einem Raum des Gleichgewichts. Alle waren der Meinung, daß gerade die Stunde der Konzentration, die dem Unterhalten vorausging, es uns erlaubte, uns so intensiv auszutauschen. Konzentrationsübungen stärken den Geist *und* machen ihn weicher. Das ist kein Paradoxon, das ist wahr.

Zum ersten Mal entdeckte ich die Auswirkungen von Konzentration 1977, am Ende eines zweiwöchigen Meditationsretreats. Alles an dieser Einkehr war merkwürdig und kompliziert. Mein Körper schmerzte von dem vielen Stillsitzen, ich kämpfte mit Schläfrigkeit, und ich war von den Anweisungen verwirrt.

Ich begann, Erfahrung als äußere Grenze des Geistes anzusehen, und spürte, daß es ein Triumph wäre, dies zu Ende zu führen. Als die Tage vergingen, verschwanden meine körperlichen Schmerzen, und ich war nicht mehr so schläfrig, aber es passierte nichts Dramatisches. Hätte mich am letzten Tag jemand gefragt: »Fühlst du dich jetzt anders?«, hätte ich mit Nein geantwortet.

An diesem Abend, nachdem das Schweigen aufgehoben war, rief ich meinen Mann in Kalifornien an, damit er mich vom Flughafen abholte. Während dieser Unterhaltung fragte ich nach meinem Vater, der vor meiner Abreise etwas gekränkelt hatte. »Da ich ehrlich zu dir sein soll«, antwortete er, »muß ich dir leider mitteilen, daß dein Vater Krebs hat, und zwar unheilbar.« In diesem Augenblick entdeckte ich, *daß* ich mich verändert hatte.

Schlimme Nachrichten treffen einen gewöhnlich wie ein Hammer. In diesem Moment, da ich die Neuigkeit über meinen Vater hörte, merkte ich, daß ich sie auf ungewöhnliche Weise aufnahm. Nicht, daß ich nicht traurig gewesen wäre. Ich fühlte mich schrecklich. Mein Vater war jung, vital und mein guter Freund. Die Nachricht war wirklich wie ein Hammer für mich, aber es war, als ob der Schlag gegen eine Matratze geführt wurde statt gegen eine Ziegelmauer. Ich zitterte, aber ich zerfiel nicht. Ich fühlte Schmerz und tiefe Traurigkeit. Dann schloß ich mich den anderen Teilnehmern an und trank Tee.

Ich strebe nicht danach, meinen Geist so zu ändern, daß ich nicht mehr traurig werde, wenn ich einen Verlust erleide.

Ich möchte weiter tiefe Gefühle empfinden, und jedesmal, wenn ich verzweifelt bin, gehe ich daraus mit mehr Mitgefühl hervor. Ich glaube, ich gestatte mir einfach eher, verzweifelt zu sein, weil ich weiß, daß ich nicht für immer zerstört sein werde.

Rechte Achtsamkeit: mein Vater und die Plünderer des verlorenen Schreins

Achtsamkeit ist die bewußte, gelassene Annahme der augenblicklichen Erfahrung – nicht mehr. Es bedeutet, sich dem Augenblick zu öffnen oder den Augenblick zu empfinden, ob angenehm oder unangenehm, einfach so wie er ist, weder an ihm zu hängen noch ihn zurückzuweisen. Ich glaube, es gibt drei Wege, den Sinn der Achtsamkeitsübung zu verstehen.

Der erste Weg ist zu sehen, wie sie zu Weisheit führt. Je besser ein Mensch in der Lage ist, wach und ausgeglichen zu bleiben von Augenblick zu Augenblick, um so mehr werden sich ihm die Wahrheiten der ständigen Veränderung, der Unzulänglichkeit und des ungetrennten Selbst als Einsichten zeigen. Je mehr die Einsicht wächst, versprechen die Lehren, desto mehr verringert sich die gewohnheitsmäßige Neigung des Geistes, weiter an etwas festzuhalten, was von seinem Wesen her nicht faßbar ist, und das Leiden verringert sich.

Der zweite Weg, die Wirkung der Übung zu verstehen, ist, daß die Übung selbst den Geist von den gewohnheitsmäßigen Mustern des Wegrennens vor Unannehmlichkeiten trennt. Man sitzt (oder steht oder geht oder ißt oder was auch immer) Stunde für Stunde, und *übt*, ruhig und wachsam zu bleiben während der ganzen Skala von körperlichen und geistigen Zuständen, die sich zeigen – und die ganze Zeit *überhaupt nichts* zu tun, um die Erfahrung zu verändern, sondern eher zu entdecken, daß Erfahrung *ertragen* werden kann. Auf diese Weise begreift man, daß die Übung selbst ein Gegengift für die üblichen unruhigen Reaktionen des Geistes auf jeden neuen Augenblick ist.

Der dritte Weg ist, die Achtsamkeitsübung selbst als Freiheit anzusehen und nicht als *Weg* zur Freiheit. Jeder Moment der Klarheit, der nicht vom Streß des Urteilens oder Vorziehens, des Zurückweisens oder Erstrebens gestört wird, ist ein Augenblick der Freiheit. Wir haben nur Augenblicke. Das Jetzt ist die einzige Zeit, die wir jemals haben. Momente der Freiheit jetzt zu dokumentieren und zu sammeln als Trost in der Zukunft mag eine gute Möglichkeit sein, sich zu erinnern, aber es garantiert nicht Freiheit für immer. Zukünftige Freiheit zu erhoffen, mag das Rechte Trachten zur Folge haben oder Rechtes Bemühen, aber wenn es jetzt im Geist ein Kämpfen hervorruft oder jetzt ein Gefühl der Bedürftigkeit oder der Unvollständigkeit, gibt es jetzt auch keine Freiheit.

Viele Meditierende, buddhistische und andere, kennen wahrscheinlich die Geschichte von dem Mönch, der von einem Tiger zum Rand einer Klippe gejagt wurde. Er springt von der Klippe und ergreift eine Weinrebe, die über die Kante gewachsen war. Unter ihm droht der lange Fall in den sicheren Tod, über ihm lauert der fauchende Tiger. Wie der Mönch so in der Luft baumelt, beginnt eine Maus, an der Weinrebe über ihm zu knabbern. Seine Lage ist wirklich äußerst prekär. Auf dem Felsen vor ihm wächst eine wilde Erdbeere, die er pflückt und ißt. Er sagt: »Die Erdbeere ist köstlich.«

Mein Vater starb an einem multiplen Myelom, einem Krebs, der zwar behandelt, aber nicht geheilt werden kann. Während der sieben Jahre seiner Krankheit begegnete er seiner schwindenden Lebenskraft und seinen wachsenden Schmerzen mit unerschütterlichem Stoizismus. Er glich seine zunehmende Gebrechlichkeit erst mit einer Krücke aus, dann mit einem Gehwagen, schließlich mit einem Rollstuhl – und dabei führte er weiterhin sein gewohntes lebhaftes gesellliges Leben. Wir sprachen oft und ganz offen über die Unausweichlichkeit seines baldigen Todes, und er schien sich damit abzufinden, ohne hoffnungslos oder verzweifelt zu sein. Wir scherzten darüber, welcher der Haushalte seiner Enkel ihm wohl der passendste für eine Wiedergeburt wäre, falls er wirklich die Wahl haben sollte.

Eines Tages, als seine Krankheit schon weit fortgeschritten war, schien seine Stimmung besonders zu ermatten. Der vor uns liegende Tag schien endlos, und ich sagte zu ihm: »Komm, laß uns ins Kino gehen.« Er sah mich ungläubig an und erwiderte: »Du weißt, daß ich *sterbe*.« Ich antwortete: »Das weiß ich, aber nicht heute.« Wir sahen »Die Plünderer des verlorenen Schreins«, und wir beide genossen es. Wir gingen essen ins Pacific Café, sein Lieblingsrestaurant. Am nächsten Tag entwickelte sich bei ihm eine Lungenentzündung, und er mußte ins Krankenhaus. Wenige Wochen später starb er.

TEIL III

Hindernisse
für die klare Sicht

Larry King und der Swami

Wahrscheinlich ist es ein Zeichen dieser Zeit, daß ich einige meiner spirituellen Kenntnisse Fernseh-Talkshows zu verdanken habe. Einmal schaute ich zu, als Larry King einen Swami der Hindu-Tradition interviewte. Ich weiß nicht mehr, was der Swami sagte, aber ich erinnere mich genau an sein ruhiges und gelassenes Auftreten. Obwohl die Anrufe von den Zuschauern oft sehr kritisch oder zumindest skeptisch waren, bewahrte der Swami seine klare und selbstsichere Haltung und beantwortete jede Frage offen, präzise und sogar mit stillem Humor. Larry King ist als Interviewer für seine direkten und herausfordernden Fragen bekannt. An einem Punkt lehnte er sich über den Tisch, schaute dem unerschütterlichen Swami direkt in die Augen und sagte: »Wie haben Sie das geschafft, innerlich so ruhig zu werden?« Der Swami antwortete: »Es *ist* da drinnen so ruhig. Wir selbst bringen nur oft soviel Unruhe hinein.«

Hier ein Test, den Sie zu Hause selbst durchführen können, um die Richtigkeit der Einsicht des Swami zu überprüfen. Dazu wählen Sie bitte eine Zeit, zu der Sie allein sind und bei guter Gesundheit, zumindest frei von körperlichem Schmerz. Sorgen Sie dafür, daß Sie weder hungrig noch schläfrig sind. Suchen Sie sich einen Sessel aus, in dem Sie sich wohl fühlen. Setzen Sie sich hinein. Genießen Sie es, sich wohl zu fühlen. Wenn Sie wollen, können Sie die Augen schließen, Sie können sie aber auch offen lassen, Ihre Umgebung betrachten und es genießen, um sich zu blicken. Genießen Sie es, sich wohl zu fühlen. Tun Sie nichts anderes, als sich einfach wohl zu fühlen. Verbringen Sie mindestens fünfzehn Minuten damit, sich wohl zu fühlen, bevor Sie weiterlesen. Dann schauen Sie wieder ins Buch.

- Haben Sie sich die ganzen fünfzehn Minuten lang wohl gefühlt?
- Sind Sie nur dagesessen und haben es genossen, sich behaglich und wohl zu fühlen?
- Wie lange hat es gedauert, bis Gedanken auftauchten, die Ihr Wohlbefinden störten?
- Welcher Art waren diese Gedanken?
- Waren es Gedanken, mit denen Sie sich etwas wünschten?
- Haben Sie sich gedacht: »Hätte ich doch nur einen bequemeren Sessel gewählt; dies ist nicht gerade mein bester Sessel. Wenn ich dieses Experiment noch mal durchführe, werde ich mir eine wirklich bequeme Sitzgelegenheit aussuchen«?
- Hatten Sie gereizte Gedanken? Haben Sie gedacht: »Phooey, mein Nachbar, mäht den Rasen. Ich könnte hier absolut glücklich sitzen und meine ruhigen fünfzehn Minuten genießen, wenn dieses störende Geräusch nicht wäre«?
- Hatten Sie unruhige Gedanken? »Hm, hier so zu sitzen ist lange nicht so angenehm, wie ich gedacht habe. Vielleicht sollte ich einen Spaziergang um den Block machen. Ich habe vergessen, Suzie zurückzurufen; ich hätte sie anrufen sollen, bevor ich mich hingesetzt habe, und jetzt mache ich mir Sorgen, was sie von mir denken wird. Was ist, wenn sie jetzt nicht mehr meine Freundin sein will, weil ich sie nie rechtzeitig zurückrufe«?
- Wären Sie beinahe eingeschlafen? Dachten Sie vielleicht: »Das ist so langweilig. Das mag ja gut sein für Swamis

in Indien, aber wenn es das ist, was die Meditierenden tun, dann bin ich nicht sicher, ob ich zum Meditieren geschaffen bin. Vielleicht mache ich einfach ein kleines Nickerchen für den Rest der fünfzehn Minuten«?

- Oder fiel Ihnen ein: »Dies ist eine dumme Übung. Was kann das schon damit zu tun haben, erleuchtet zu werden? Ich wußte, daß es ein Fehler war, dieses Buch zu kaufen. Immer mache ich solche Sachen – treffe alberne, impulsive Entscheidungen«?

Hatten Sie ähnliche Gedanken wie die oben erwähnten? Einige davon? *Alle?*

Grundsätzlich hat der Swami recht: Es *ist* ruhig im Innern, bis es aufgewühlt wird. Aber es steckt keine Absicht oder ein Zweck dahinter, es aufzuwühlen. Wir wollen unser Leben nicht komplizieren. Es ist keine Ungezogenheit des Geistes. Der Geist anderer Leute ist nicht besser darin, ruhig zu bleiben, als der unsere. Es liegt in der Natur des Bewußtseins, daß es von verwirrenden Energien aufgewühlt wird, die wie Winde von allen Seiten über die Oberfläche eines klaren Teiches blasen und die Durchsichtigkeit des Wassers stören. Zu meditieren bedeutet nicht, das Kräuseln der Wellen zum Stillstand zu bringen. Wahrscheinlich können Meister, die die höchste Stufe erreicht haben, durch all das Kräuseln der Zeit hindurchblicken. Die normalen Suchenden wie ich sind schon glücklich, wenn sie sich erinnern können, daß es einfach Kräuselungen sind und daß es noch eine andere Seite gibt.

Der Albuquerque-Geist

Wir erzählen uns selbst immer und immer wieder Geschichten. Wir verwirren und erschrecken uns, wobei wir vergessen, daß sich das Entsetzen und die Furcht immer darauf beziehen, was *gewesen* sein könnte oder was in *Zukunft sein* könnte, aber nicht auf das, was *gerade* passiert. Ebenso vergessen wir, daß das, was augenblicklich geschieht, nicht sehr lange anhalten wird.

Vor ein paar Jahren hielt ich einen Meditationskurs in Albuquerque in einem Raum, dessen eine Wand von einem riesigen Fenster eingenommen wurde. Von meinem Platz aus konnte ich eine weite Hochebene sehen, die bis zum wundervollen Sangre-de-Cristo-Gebirge reichte, das am Horizont aufragte. Mir kam es so vor, als ob sich das Wetter über der Ebene vom Beginn bis zum Ende jeder Meditationsperiode dramatisch veränderte. Wenn ich meine Augen schloß, schien vielleicht die Sonne, und öffnete ich sie wieder nach fünfundvierzig Minuten, tobte vielleicht ein Blizzard um das Gebäude. Schloß ich meine Augen während des Blizzards, regnete es möglicherweise, wenn ich sie wieder aufmachte. Und in diesem Moment sah es so aus, als würde die Sonne scheinen, aber begleitet von heftigen Winden, die um das Gebäude pfiffen. Plötzlich legte sich der Wind, ein rötliches Dämmerlicht würde die Berge und die Ebene einhüllen, und ein leichter, ruhiger Schnee würde fallen.

Ich dachte bei mir: »Das Wetter ist wie der Geist.« Ich betrachtete die Gruppe von fünfundzwanzig Meditierenden, die um mich herum saßen, ihre Körper ganz ruhig und ihre Gesichter ernst. Und weil ich jeden von ihnen ein bißchen kannte und mich selbst auch kenne, wußte ich, daß ich nur eine Seite des Bildes sah.

Ich stellte mir folgenden Cartoon vor: Fünf sitzende meditierende Gestalten, in Decken und Umhänge gehüllt, die Augen geschlossen, die Gesichter voller Ernst, voneinander nur in Größe und Form unterscheidbar. Alle hätten das gleiche Gesicht. Und über jeder dieser Gestalten wäre eine große Cartoon-Blase mit einem Bild, und kleiner werdende Blasen führten zu der Gestalt darunter, so daß man erkennen könnte, daß die Inhalte der Blasen ihren Geist erfüllten. Eine Blase stellte ich mir voller Eiscreme und Pizzas vor. Oder mit einem Strand in Hawaii mit sich biegenden Palmen. Oder intensivem Sex (obwohl ich keine Ahnung hatte, wie ich das zeichnen würde!). Eine andere Sprechblase hätte einen Krieg oder kämpfende Leute zum Inhalt, zumindest aber die Schreibmaschinentypen, die dir vermitteln, daß die Leute gerade nicht druckreife Wörter sagen. Wieder eine andere Sprechblase wäre düster und wolkig. Und eine könnte voller Gewitter sein oder einen ausbrechenden Vulkan in der Mitte haben. In einer weiteren säße vielleicht ein verwirrter, achselzuckender Mensch, die Handflächen nach oben haltend, um zu zeigen: »Ich *weiß* nicht.« Und der Hintergrund der Sprechblase mit dem »Ich weiß nicht« wäre bedeckt mit Fragezeichen. Und dann stellte ich mir vor, ich setzte eine sechste Gestalt in das Bild, über der eine leere Sprechblase schwebt.

Was ich mit diesem Bild ausdrücken wollte, ist nicht, daß die Person unter der leeren Sprechblase es am besten getroffen hat. Tatsächlich habe ich mir vorgestellt, ich würde ein ganzes Buch schreiben, in dem jede Seite dasselbe Bild zeigt. Lauter gleiche Leute wären in ihre Decken gehüllt, und ihr Gesichtsausdruck würde sich nie verändern. Das einzige, was sich ändern würde, wäre der Inhalt der Sprechblasen. Das wäre das geistige Pendant zur »Reise nach Jerusalem«. Statt um die gleichen Leute auf unterschiedlichen Stühlen ginge es um die gleichen Leute mit unterschiedlichen Bewußtseinszuständen, denn *genau das* passiert in Wirklichkeit. Bewußtseinszustände kommen und gehen. Selbst ruhige Bewußtseinszustände.

Jeder einzelne Mensch erfährt in seinem Leben all die unterschiedlichen Kräfte des Geistes, die unvermeidlichen Stürme des menschlichen Geistes. Die Bewußtseinszustände spiegeln die natürliche Ebbe-und-Flut-Bewegung des Geistes wider und die üblichen Reaktionen des Geistes auf angenehme und unangenehme Erfahrungen. Sie sind absolut natürlich. Sie müssen nicht erschreckend oder besonders beunruhigend sein. Wenn wir auf einen anderen Planeten ziehen würden, wäre es hilfreich, wenn uns jemand darüber aufklären würde, welche Arten von Sturm es dort gibt, so daß wir darauf gefaßt sind. Die Menschen auf unserem Planeten haben es auch leichter, wenn sie wissen, wie man mit all den unterschiedlichen Wettermöglichkeiten umgeht.

Das begrenzte Angebot
beunruhigender Geisteszustände

In traditionellen buddhistischen Texten werden die fünf Energien Begierde, Abneigung, Trägheit, Ruhelosigkeit und Zweifel als »Hindernisse des Geistes« bezeichnet. Sie werden deshalb so genannt, weil sie die klare Sicht verhüllen, so wie Sandstürme in der Wüste oder Nebel auf der Schnellstraße den Reisenden seinen Weg verlieren lassen. Sie behindern unsere Möglichkeit, uns wieder mit dem friedvollen Selbst zu verbinden, das unsere eigentliche Natur ist. Sie bringen uns durcheinander. Wir halten sie für wirklich. Wir vergessen, daß der vorbeiziehende Sturm nicht unsere tatsächliche Natur ist. Der vorbeiziehende Sturm ist der vorbeiziehende Sturm. Unser Wesen bleibt unser Wesen für immer.

Fünf verschiedene Energien scheinen ein ziemlich begrenztes Angebot zu sein, aber sie zeigen sich in einer unendlichen Vielzahl von Verkleidungen. Eisbecher unterscheiden sich von Pizzas, die sich wiederum von Sex unterscheiden, aber grundsätzlich sind sie alle Objekte der lustvollen Begierde. Dieselbe Energie der Abneigung schürt unseren Unwillen gegenüber unserem Nachbarn, der sein Radio zu laut spielen läßt, und unseren Unwillen über unseren Präsidenten, der das Land nicht gut genug führt. Mürrischer Geist ist mürrischer Geist; schläfriger Geist ist schläfriger Geist; ruheloser Geist ist ruheloser Geist; zweifelnder Geist ist zweifelnder Geist.

Die Tatsache, daß es zur Natur des Geistes gehört, daß Stürme entstehen und wieder vorbeigehen, ist kein Problem. An einem Ort zu leben, wo das Wetter häufig wechselt, ist kein Problem. Es erfordert jedoch eine Kleidung, die all den Wettermöglichkeiten gerecht wird, und die Weisheit, im Haus zu bleiben, wenn schlechtes Wetter heraufzieht. Es hilft auch, guter Stimmung zu bleiben, wenn man sich daran erinnert, daß das Wetter sich wieder ändern wird. Unsere schwierigen Bewußtseinszustände werden nur dann ein Problem, wenn wir glauben, daß sie für immer bleiben werden. Dann beginnen sie uns Schrecken einzujagen, weil es Unbehaglichkeit verbreitende Energien sind.

Wir haben zwei Arten von Ängsten. Einmal die Angst, daß das, was gerade vor sich geht, immer so weitergehen wird. Das stimmt einfach nicht – nichts geht immer so weiter. Die zweite ist die Angst, daß, auch wenn es nicht immer so weitergeht, der Schmerz, den man gerade empfindet, so furchtbar sein wird, daß wir ihn nicht ertragen können. Diese Furcht ist nicht ganz unberechtigt. Es wäre unglaubwürdig vorzugeben, daß in unserem Leben, in diesem Körper, der ungeheure Schmerzen verursachen kann, und in Beziehungen, die sehr weh tun können, es nicht einige äußerst schmerzhafte Zeiten gibt. Aber selbst dann, scheint mir, unterschätzen wir uns. So schrecklich manche Zeiten auch sein mögen, ich denke, wir können sie überstehen.

Weil wir Angst bekommen, sobald uns ein schwieriger Geisteszustand erfaßt, beginnen wir mit ihm zu kämpfen. Wir versuchen, ihn zu verändern, oder wir versuchen, ihn loszuwerden. Die Aufregung dieses Kampfes macht diesen Zustand dann noch unangenehmer.

Ein bekanntes Bild ist eine Comicfigur wie Daffy Duck, die unbeschwert vor sich hin geht und plötzlich in einen weichen Toffee tritt. In einem hastigen, unbeholfenen Versuch, sich davon zu befreien, fällt er dann nach vorn und nach hinten und klebt bald ganz an dem Toffee fest. Selbst Kindern wäre eine bessere Lösung eingefallen.

Die beste Lösung wäre eine panikfreie Einschätzung der Situation: »Das ist ein Toffee. Ich sah ihn nicht, als ich hineintrat, aber ich fühlte ihn, als ich festklebte. Es ist *nur* ein Toffee. Nicht die ganze Welt besteht aus Toffee. Was wäre jetzt das Klügste, was ich tun könnte?«

Suppe mit der Gabel essen

Wir schaffen uns selbst große Probleme, weil wir geistige Energien nicht erkennen, wenn sie uns in Geschichten getarnt begegnen. Sie sind wie die Nachbarskinder, die sich als Halloween-Gespenster verkleidet haben. Wenn wir die Haustür öffnen und das Nachbarskind in einem Bettuch vor uns steht, bemerken wir sofort, auch wenn es wie ein Gespenst aussieht, daß dies nur das Kind von nebenan ist. Und wenn ich mich daran erinnere, daß es sich bei den Dramen meines Lebens um die geistigen Energien handelt, die sich im Laken einer Geschichte verhüllt haben, kann ich gelassener mit ihnen umgehen.

Folgende Übung zeigt, daß es die geistige Verfassung und nicht das Ereignis selbst ist, die unsere Erfahrung bestimmt:

Erste Szene
Du hattest eine Beziehung, und diese Beziehung ist schiefgegangen. Du und dein Partner, ihr seid beide enttäuscht, daß die Beziehung nicht geklappt hat, und bestürzt und wütend über den anderen, daß er eure Erwartungen nicht erfüllt hat.

Ihr trefft euch ein letztes Mal einen ganzen Tag, um noch einmal über alles zu sprechen. Ihr geht an den Strand, um von allem Distanz zu gewinnen, und im Laufe des Tages fallen jedem von euch immer schmerzhaftere Punkte ein, an denen die Beziehung gescheitert ist. Ihr fühlt euch erschöpft und wütend. Auf der Rückfahrt in die Stadt haltet ihr an einem Restaurant, weil ihr beide hungrig seid. Dein Partner ißt die Suppe mit der Gabel. Du denkst: »Das ist ja schlimmer, als ich dachte! Dieser Idiot ißt seine Suppe mit der Gabel!«

Zweite Szene
Du hast dich bis über beide Ohren verliebt. Der Betreffende liebt dich mit gleicher Leidenschaft. Ihr fahrt für einen Tag an den Strand. Ihr liegt am Strand, lest Rilke, tobt im Wasser, liebt euch. Auf der Rückfahrt in die Stadt seid ihr beide hungrig, also kehrt ihr in ein Restaurant ein. Dein Partner ißt die Suppe mit der Gabel. Du denkst: »Wie witzig – die Suppe mit der Gabel zu essen!«

Ich denke, genau das meinen die Leute, wenn sie sagen: »Wir schaffen uns unsere eigene Realität.« Ich hatte früher Probleme mit dieser Vorstellung, als ich sie zum erstenmal von New-Age-Anhängern hörte. So sehr ich mich auch anstrenge, mir gelingt es nicht, die Wirklichkeit so zu beeinflussen, daß die Sonne morgen im Westen aufgeht, und ich kann auch nicht die Wirklichkeit erschaffen, daß Menschen, die ich kenne, auf geheimnisvolle Weise von ihren Krankheiten geheilt werden. Aber eine Realität kann ich erschaffen: die innere Einstellung, mit der ich jeder Erfahrung begegne.

Begierde

Die Kraft der Begierde führt traditionell die Liste der Unruhe auslösenden Energien des Geistes an. Erst einmal ist das eine herausfordernde und interessante Energie, obwohl das Wort selbst mittlerweile einen lüsternen Beigeschmack hat. Wenn jemand erwähnt, daß er etwas begehrt, kommen wir nicht unbedingt auf die Idee, er könnte Eis oder Pizza meinen.

Begierde ist peinlich. Ich fragte mal die Schüler eines Kurses nach problematischen geistigen Energien, ob sie mir die Kraft nennen könnten, die ihnen im Leben die meisten Schwierigkeiten bereitet. Als wir so von einem zum anderen weitergingen, erwähnte die Mehrzahl der Schüler Ärger oder Abneigung als ihren störendsten Geisteszustand. Es schien ihnen nicht schwerzufallen, dies zuzugeben, noch schien diese Aussage auf die übrigen Schüler überraschend oder beunruhigend zu wirken. Schließlich sagte ein Mann: »Nun, ich glaube, daß mir die Begierde die größten Schwierigkeiten bereitet.« Obwohl ich nicht glaube, daß sich einer auch nur gerührt hat, ging ein fühlbares Zucken durch die Anwesenden. Nervöses Lachen zog durch den Raum. Auf einen Schlag war diese zurückhaltende, freundliche, beruflich geachtete Person suspekt geworden.

Obwohl die traditionellen Texte von Begierde als Sinneskraft sprechen, denke ich, daß es für uns am sinnvollsten ist, sie uns vorzustellen als die Energie, irgend etwas zu wollen. Es ist die Energie, mit der man fühlt, daß man nicht glücklich sein wird, bevor man nicht eine bestimmte Sache hat. Es ist ein Gefühl der geistigen Bedürftigkeit. Hattest du je dieses Gefühl? Du stehst auf und schaust in deinen Kühlschrank, und wie du so vor der offenen Kühlschranktür stehst, weißt du nicht, was du willst. Es ist dieselbe Energie, die uns veranlaßt, plötzlich den Fernseher anzuschalten und per Fernbedienung alle Kanäle durchzuprobieren, nur für den Fall, daß gerade irgend etwas Interessantes passiert.

Ein bedürftiger Geist ist ein bedürftiger Geist und kann jenseits aller biologischen Bedürfnisse existieren. Vor einigen Jahren, als meine Enkelin Leah zwei Jahre alt war, wurde ihr kleiner Bruder geboren. Ihre andere Großmutter und ich blieben bei Leah in der einen Nacht, die ihre Mutter im Krankenhaus war.

Wir kümmerten uns *fabelhaft* um sie. Sie kannte uns beide gut, und Noemi und ich taten alles für sie. Trotzdem wurde im Laufe des Abends klar, daß Leah die Abwesenheit ihrer Mutter spürte. Sie sagte: »Ich will Saft«, und wir brachten ihr welchen. Dann verlangte sie: »Ich will einen Keks«, und sie bekam ihn. Nach einer Weile forderte sie dann: »Ich will jetzt ein Buch«, und später: »Ich will jetzt ein Puzzle. Ich will diese Puppe. Ich will einen Apfel.« Es kam der Punkt, an dem Noemi und ich uns ansahen und uns klar wurde, daß Leah einfach irgend etwas *brauchte*. Noemi sagte: »Le falta algo« (Ihr fehlt etwas). Leah spürte, daß sie etwas vermißte, aber sie wußte nicht, was es war. Ebensowenig konnte sie sagen: »Ich fühle die Kraft von Bedürfnis und Sehnen, aber ich weiß nicht, was ich brauche.«

Manchmal erwächst ein bedürftiger Geist als Antwort auf einen Mangel, wie in Leahs Fall, manchmal scheint er aus dem Nichts zu entstehen. Aber er kommt nicht aus dem Nichts, sondern ist meist eine Antwort auf die Begegnung mit etwas Angenehmem. Bist du je an einer Bäckerei vorbeigegangen, und ein bestimmter Duft, der herauszog, ist dir bewußt geworden? Bevor du ihn gerochen hattest, warst du nicht hungrig. Aber plötzlich überfiel dich ein richtiger Heißhunger. Das ist keine Launenhaftigkeit des Geistes, sondern auf genau diese Weise arbeitet der Geist. Im Kontakt mit angenehmer Erfahrung entsteht das Sehnen. Auch ist es nicht notwendigerweise ungehörig, auf seine Begierden hin zu handeln, manchmal sind Begierden zuträglich, besonders Begierden der Sinne.

Es wäre lächerlich, wollten wir von uns verlangen, daß wir jedesmal, wenn wir hungrig werden, sagen: »Das ist nur eine Begierde, die gerade auftaucht«, und nichts dagegen tun. Sexuelle Gefühle zu ignorieren statt diesbezüglich eine geschickte und bewußte Wahl zu treffen, funktioniert auch nicht besonders gut. Sinnesbegierde ist eine der regelmäßig wiederkehrenden Energien, die den Geist ausfüllen und volle Aufmerksamkeit beanspruchen. Eine zuträgliche Wahl zu treffen bezüglich sinnlicher Begierden ist Teil eines in Beziehungen eingebetteten Lebens.

Einige Sehnsüchte sind viel komplexer als nur das einfache biologische Bedürfnis nach Essen oder Sex. Das sind die Wünsche nach angenehmen Erlebnissen. Ich lese leidenschaftlich gern die Zeitschrift *Smithsonian*. Jeden Monat bekomme ich die neue Ausgabe, und in jeder Nummer gibt es auf den hinteren Seiten Anzeigen für ungewöhnliche Reisen zu weit entfernten Orten. Es könnte sein, daß ich ganz plötzlich ernsthaft darüber nachdenke, an einer siebzehntägigen Tour zum Nordpol teilzunehmen. Fünf Minuten vorher hatte ich überhaupt nicht daran gedacht zu verreisen. Ja, ich hatte sogar in meinem ganzen Leben bis dahin nie daran gedacht, zum Nordpol zu fahren. Trotzdem ist da plötzlich eine Annonce, die so gut formuliert ist, daß ich ernsthaft nach dem Preis schaue und mich frage, ob ich meine Verpflichtungen so legen kann, daß ich Zeit für diese Reise habe.

Kataloge und Broschüren, die mit der Post kommen, können ebenfalls solche Kräfte der Begierde hervorrufen. Täglich bekomme ich Kataloge über Gegenstände, an denen ich nicht besonders interessiert bin. Doch die Aufmachung ist so verführerisch, daß ich mich normalerweise entschließe, ein bißchen darin herumzublättern. Sobald ich hineinsehe, entdecke ich unvermeidlich etwas, das so einzigartig ist, daß ich überlege, ob ich es wohl brauchen kann. Oder falls ich es selbst nicht brauche, fällt mir vielleicht ein, daß es das passende Geschenk für einen Bekannten wäre. Selbst wenn derjenige nicht gerade Geburtstag hat, denke ich darüber nach, wann sein Geburtstag ist, oder überlege, es als Weihnachtsgeschenk beiseite zu legen.

Das alles ist absolut logisch, denn unser Geist funktioniert so, daß wir bei der Begegnung mit angenehmen Erfahrungen eine Art Drang spüren, eine Energie der Sehnsucht, und der Geist sich auf angenehme Sinneserfahrungen richtet.

Selbst wenn uns gerade keine besonders angenehmen Erfahrungen begegnen, ist der Geist sehr wohl in der Lage, sich die Bilder von angenehmen Erfahrungen ins Bewußtsein zu rufen und sie dann zu ersehnen. Ich finde es unglaublich, wie intensiv der Geist an das Begehren denken kann inmitten eines Klosters. Ich habe bei meinen Meditationsübungen viel Zeit in Klöstern verbracht. Das Essen ist einfach, und die Lebensumstände ermöglichen nicht gerade viele verschiedene Aktivitäten. Trotzdem habe ich im Geiste ganze Kollektionen von besserer Kleidung zusammengestellt, die ich vielleicht in einer fernen Zukunft mitbringen könnte und in denen es sich vielleicht bequemer sitzen ließe als in den Kleidungsstücken, die ich mitgebracht hatte. Ich habe mir vorgestellt, ein wärmeres Umhängetuch zu stricken. Ich habe mir vorgenommen, mir ein Bänkchen oder ein Kissen zu kaufen, das bequemer ist als das, was ich gerade benutze. Auch wenn die Skala der Dinge, die verfügbar sind, um Wünsche daraus zu entwickeln, sehr klein ist, beschäftigt sich der Geist intensiv damit. Ich stelle mir vor, meine Erfahrung würde sich erweitern, wenn ich zum Frühstück ein anderes Müsli hätte oder eine andere Teesorte. Je nachdem, wie befriedigend meine Meditationsübung ist, denke ich vielleicht gleich nach dem Mittagessen daran, was es wohl zur nächsten Mahlzeit gibt. Ich glaube nicht, daß mein Geist schlechter erzogen ist als andere, es ist nur einfach die Natur des Geistes, den Horizont nach möglichen angenehmen Erfahrungen abzusuchen und dann in ihnen zu schwelgen. Das ist ein Teil unseres Wesens.

Manchmal bringt uns die Energie der Sehnsucht dazu, uns ganz plötzlich zu verlieben. Wenn Geist und Körper voller begehrender Energien sind, erscheinen uns die Menschen anziehender. Wir fangen an, romantische oder erotische Phantasien über Menschen zu entwickeln, nicht auf der Basis dessen, was sie sind, sondern mehr auf der Grundlage dessen, was wir fühlen. Das ist ein besonders tückisches Phänomen. Es kommt häufig in Meditationsretreats vor, bei denen sich die Teilnehmer zum Schweigen verpflichtet haben und ihnen deshalb kaum die Möglichkeit bleibt herauszufinden, ob die anderen überhaupt zu ihm passen. Die Menschen fühlen sich in ihrem Geist und ihren Körpern angeregt und entwickeln plötzlich, sehr dramatisch, das Gefühl, in jemanden verliebt zu sein, den sie überhaupt nicht kennen, ein Gefühl, das sich nur entwickelt aufgrund der Art und Weise, wie *sie* den Meditationsraum betreten hat oder *er* seine Mahlzeit zu sich nimmt.

Ich selbst habe mich in die unmöglichsten Menschen verliebt, nur weil sie gerade dann in mein Gesichtsfeld geraten sind, als ich mich besonders intensiv und genüßlich voller begehrender Energien fühlte. Ich hatte Phantasien darüber, mit den unterschiedlichsten Menschen durchzubrennen. Das Ganze war ausgesprochen lächerlich, da ich eine verheiratete Frau bin und keinesfalls vorhabe, mit jemand anderem ein Verhältnis anzufangen. Auch waren die Leute, in die ich mich verliebte, meist Menschen, über die ich ein bißchen was wußte und bei denen ich mir darüber im klaren war, daß sie anderweitig gebunden waren. Diese ganzen Vorstellungen waren eine Übung des Geistes in Nutzlosigkeit. Trotzdem verbeißt sich der Geist plötzlich darin und beschließt, daß dies die Beziehung des Jahrzehnts ist, jene verwandte Seele, nach der man sich immer gesehnt hatte. Es ist erstaunlich, wie der Geist eine ganze Geschichte aufbauen kann nur aus einfacher Körper- und Geistenergie.

Die Kraft der Begierde entwickelt sich in uns, wir schauen uns um und sagen: »Peng, genau das will ich.« Im Grunde ist das kein Problem – es ist eher komisch. Es wird nur dann ein Problem, wenn wir uns dessen nicht bewußt sind, wenn wir das ernst nehmen.

All das soll natürlich nicht heißen, daß wir uns nicht verlieben sollten, verliebt sein ist wunderbar. Es soll uns eher sagen, wenn wir uns verlieben, sollten wir etwas warten, um sicher zu sein, daß derjenige, in den wir uns verliebt haben, nicht einfach eine Phantasiegestalt ist, die wir aus unseren eigenen Sehnsüchten heraus geschaffen haben.

Die buddhistische Lehre über die Begierde ist wahrscheinlich das Pendant zu dem osteuropäischen Mythos, daß du, schlingst du ein Hühnerherz im ganzen hinunter, dich verlieben und den Rest deines Lebens mit genau der Person verbringen wirst, die du danach als erste triffst. Offensichtlich ging das wirklich einer Menge von Leuten so. Wenn man dieses Hühnerherz hinuntergeschlungen hatte und in dieser aufgeregten, erotischen Stimmung war, dann erschien einem die nächste Person, die man sah, einfach großartig. Ein Meditierender zu sein bedeutet, im Geist Raum zu schaffen, um darüber nachzudenken, was eine zuträgliche und verläßliche Reaktion darauf wäre.

Das Mittel gegen die Behinderung durch die Begierde ist die Beherrschung. *Beherrschung* klingt heutzutage fast viktorianisch. Ich fühle mich etwas gehemmt, wenn ich diesen Begriff benutze, denn ich habe dann den Eindruck, daß ich mich fast anhöre wie meine Großmutter, für die selbst das Aussprechen bestimmter Wörter unmoralisch war. Aber *Beherrschung* ist ein großartiges Wort. Es bedeutet, daß man lange genug abwartet, bis man zwei Dinge sieht.

Das erste, was man zu sehen hofft, ist, ob das Objekt der Begierde uns zuträglich ist und ob es moralisch, verantwortungsvoll und angemessen wäre oder nicht, diesem Begehren nachzugeben. Die zweite Sache, die uns das Abwarten zu sehen erlaubt, ist, daß das Begehren selbst nur eine geistige Energie ist. Diese geistige Energie färbt unsere Gefühle und spornt uns an, aber wenn wir erkennen, daß es nur eine Energie ist, verstehen wir, daß sie uns nicht zum Handeln zwingt. Es ist keine Forderung, es ist ein Vorschlag. Wenn das Begehren zuträglich ist und der Zeitpunkt der richtige, dann können wir entsprechend handeln. Wenn das Begehren nicht zuträglich und der Zeitpunkt nicht der richtige ist, können wir uns beherrschen, und die Energie wird vergehen.

Das Mittel gegen die Begierde:
Sylvias buddhistische Version
von Evas Version von Zalmans Geschichte

Dies ist eine Fabel, die erklärt, wie die schwierige geistige Energie der Begierde durch Konzentrationsübungen überwunden werden kann. Wie es beim Erzählen so üblich ist, hat diese Fabel jedesmal, wenn sie von einem anderen Geschichtenerzähler wiedergegeben wurde, Abwandlungen erfahren. Ich kenne ihren Ursprung nicht, aber ich hörte sie von meiner Freundin Eva, die sie wiederum von dem Rabbi Zalman Schachter-Shalomi hörte, so daß es jetzt eine buddhistische Geschichte mit chassidischen Ahnen wird.

Es war einmal, bevor wir alle weise geworden waren, in einem Land, in dem es immer noch wunderschöne Prinzessinnen gab, deren Herzen in Schlaf gefallen waren, und gewöhnliche Männer mit engem Horizont, daß ein junger Mann sich von weitem in eine Prinzessin verliebte. Sein Sehnen nach ihr erfüllte seinen Geist. Er war überzeugt, daß sie sich treffen und heiraten würden. Er stellte sich die vielen Kinder vor, die sie gebären würde und die er gezeugt hätte.

Eines Tages zog die Prinzessin mit ihrem Gefolge in königlichem Zug vorbei, und der junge Mann, dessen begrenzte Sicht durch seine Begierde noch mehr beeinträchtigt war, drängte sich durch die Menge, fiel ihr zu Füßen und rief: »Wann werden wir zusammen sein?« Die Prinzessin erwiderte voller Geringschätzung: »Auf dem Friedhof!«, womit sie ausdrücken wollte: »Niemals in diesem

Leben, du Narr!« Der junge Mann nahm ihre Bemerkung jedoch wörtlich und ging direkt zum Friedhof, um auf sie zu warten.

Er wartete und wartete und wartete, vergaß die Zeit, dachte nur an sein eines Ziel mit standhaftem Herzen. Und während er so wartete ...

... wurde sein Geist ruhig und einsgerichtet, er füllte sich mit Entzücken und Licht, und alle Abneigung und Getrenntheit lösten sich auf. Er liebte jedermann, alle Wesen, rückhaltlos. Und die Menschen spürten seine Liebe und kamen zu ihm, um seinen Segen zu erbitten.

... traf er den Tod. Es stimmt, der Tod war sein eifrigster Besucher, denn er kam zu jeder Stunde, brachte alle Arten von Menschen mit sich, Alte und Junge, Reiche und Arme, Anziehende und Abstoßende, Geliebte und Ungeliebte. Mit absoluter Klarheit erwachte der junge Mann zur Flüchtigkeit des Lebens, zum unerbittlichen Fortschreiten der Zeit. Er kannte das Leiden der Lebewesen, die unaufhörlich nach den Gespenstern leerer Erfahrung griffen. Und er wurde weise. Und die Menschen fühlten seine Weisheit und kamen zu ihm, um seinen Segen zu erbitten. Die Prinzessin, die inzwischen geheiratet hatte, war kinderlos geblieben, und als sie von einem Weisen hörte, der für seinen Segen berühmt war, kam sie, um ihn um ein Kind zu bitten. Und der Mann, in der grenzenlosen Glückseligkeit der Freiheit, rief die Fürsprache aller wunscherfüllenden Mächte aller Reiche an, und sie wurde die Mutter vieler Kinder.

Abneigung

Die der Energie der Begierde entgegengesetzte Energie ist die Energie der Abneigung, des Ärgers und der Verneinung. Abneigung ist nicht angenehm. Buddha sprach über Ärger als Gift des Geistes, das wie Schlangengift den Geist verdüstert. Anders als der von Begierde erfüllte Geist, der sich nach etwas umschaut, um sein Bedürfnis zu befriedigen, möchte der ablehnende Geist etwas loswerden.

Manchmal glauben die Menschen, Ärger sei ein angenehmes Gefühl, da es eine sehr anregende Energie ist. Jemand, dessen Geist schläfrig oder abgestumpft war, fühlt sich plötzlich lebendig und hellwach. Ärger zu spüren gibt uns manchmal das Gefühl, sehr mächtig zu sein, besonders wenn wir diesen Ärger als gerechte Empörung empfinden. Aber letztendlich ist Ärger nur ein Windstoß des Geistes, und er macht uns müde und verwirrt uns.

»Wie soll ich mit meinem Ärger umgehen?« ist eine der Fragen, die ich am häufigsten höre. Wenn die Leute argwöhnen, ich würde gleich verkünden, daß es unnötig sei, Ärger offen auszudrücken, sind sie oft nervös und gehen schon im vorhinein in Verteidigungsstellung. Ich glaube, daß die Menschen befürchten, sobald sie damit aufhören würden, zu streiten und gegeneinander zu kämpfen, wäre ihnen die Möglichkeit genommen, offen miteinander zu kommunizieren. Es macht mir große Freude, sie zu lehren: Wenn du die Botschaft ohne Ärger *übermittelst*, kannst du jedem auf der Welt alles, was du willst, sagen, und du kannst dabei beides: dein

Argument anbringen und das Gefühl haben, daß man dir zuhört. Die Botschaft kann auch die Mitteilung enthalten, daß du ärgerlich bist oder warst, aber du mußt diesen Ärger in diesem Moment nicht zur Schau stellen.

Im *Vinaya-Pitaka,* einer Sammlung von Mönchsregeln, die Teil der buddhistischen heiligen Schriften ist, lehrte Buddha folgende Richtlinien für den Ausdruck von Ärger. Er sagte:

> Bevor man einem anderen einen Rat gibt, sollte man dies bedenken ...
> Zur richtigen Zeit will ich sprechen, nicht zu unpassender Zeit.
> In Wahrheit will ich sprechen, nicht in Falschheit.
> Zu seinem (ihrem) Wohl will ich sprechen, nicht zu seinem (ihrem) Nachteil.
> Sanft will ich sprechen, nicht barsch.
> In Güte will ich sprechen, nicht im Ärger.

Seit vielen Jahren bewahre ich diese Richtlinien auf einer kleinen Karte in meinem Büro auf, und ich zeige sie Paaren, die wegen Beziehungsproblemen zu mir kommen.

Ich liebe die Vorstellung »zur richtigen Zeit«. Es erinnert die Leute daran, daß sie ihre Gefühle des Ärgers nicht sofort ausdrücken müssen und wenn sie einen passenderen Zeitpunkt wählen, ihr Partner vielleicht empfänglicher für ihre Botschaft ist. »In Wahrheit« heißt für mich, sich genug Zeit zu nehmen, darüber nachzudenken, worüber wir *wirklich* aufgebracht sind, statt wie sonst üblich die eher oberflächlichen Geschichten zu präsentieren.

»*Nie* schraubst du die Zahnpastatube wieder zu« ist wahrscheinlich nicht wahr. »Oft« ist vermutlich wahrer als »nie«, und es ist wahrscheinlich auch nicht die Wahrheit, daß die Zahnpastatube der Ursprung der Qual ist. »Wenn du die

Zahnpastatube nicht wieder zuschraubst, habe ich das Gefühl, daß dir mein Wohlbefinden egal ist, und das macht mir angst«, kommt der Wahrheit mit Sicherheit viel näher.

»Freundlich« und »gütig« und »zu seinem oder ihrem Wohl« bedeutet, sich Zeit dafür zu nehmen, die eigenen Absichten zu untersuchen, bevor man seine Betroffenheit übermittelt. Es bedeutet, sich zu vergewissern, daß die eigene Absicht darin liegt, die Beziehung zu heilen oder mit Mitgefühl zu belehren, anstatt aus Vergeltung für eine Verletzung zu verwunden.

Manchmal bitten Paare darum, diese Karte mit nach Hause nehmen zu dürfen, um sie zu kopieren und gut sichtbar aufzuhängen. Seit Jahren wünsche ich mir, einen Fabrikanten zu finden, der diesen Spruch als Tapetenmuster herstellen würde, damit wir alle unsere Wände mit den Lehren des Buddha über das Ausdrücken von Ärger bekleben könnten.

Als ich vor ein paar Jahren auf einer Konferenz war, fragte jemand den Dalai Lama: »Werden Sie jemals ärgerlich?« Er antwortete: »Natürlich. Wenn etwas geschieht, und ich bin damit nicht einverstanden, wenn es nicht das ist, von dem ich möchte, daß es geschieht, dann steigt Ärger in mir auf.« Dem Tonfall seiner Stimme, mit dem er dies sagte, war zu entnehmen, daß er das kaum für eine große Sache hält, wenn Ärger in ihm aufsteigt. Was zum Ausdruck kam war, wenn Ärger aufsteigt, dann handelt man angemessen, um die Situation zu klären, und dann ist der Ärger verschwunden. Ich kann mir beim Dalai Lama, den ich als die Person mit dem wahrscheinlich gesündesten Geist der Welt betrachte, nicht vorstellen, daß er seine Gefühle des Ärgers ungeschickt ausdrücken könnte.

Wird man sich seiner plötzlichen Gefühle des Ärgers bewußt, ist das, als hätte man ein Thermometer im Geist. Wenn ich sehe, daß die Temperatur sprunghaft ansteigt, dann ist gerade etwas passiert, das entweder erschreckend oder traurig war. Wenn ich geübt reagiere, statt irgendeine offen ärgerliche Erwiderung zu geben, dann kann ich einen Moment innehalten, um nach dem Ursprung meiner Furcht oder meiner Traurigkeit zu suchen. Wenn ich diese Quelle finde, dann bin ich wahrscheinlich auch fähig, geschickt darüber zu sprechen, ohne mich von der negativen Energie des Ärgers verwirren zu lassen.

Ärger ist oft ein großes Problem für Leute, die in Familien aufwuchsen, in denen der offene Ausdruck von Ärger an der Tagesordnung war. Sie hatten zu viele Gelegenheiten, Ärger zu üben, und nicht genug Gespür für die anderen Möglichkeiten. Wut wird für sie die gewohnte Antwort des Geistes auf unangenehme Situationen. Manchmal erzählen mir Leute, sie fühlten sich als Opfer ihres »Zornige-Antwort-Knopfes«. Oder schlimmer noch, sie entwickeln eine schlechte Meinung von sich selbst, weil ihnen »die Sicherung so schnell durchbrennt«. Die Menschen erzählen mir: »Ich bin voller Zorn.« Ich bin traurig, wenn ich so etwas höre, denn das zeigt mir, daß sich die Leute mit einer bestimmten Geistesenergie identifizieren, die vielleicht sogar so übermächtig ist, als sei es ihr ständiges Wesen. Wenn die Menschen zu begreifen anfangen, daß Ärger, wie jede andere geistige Energie, nur ein vorübergehendes Phänomen und damit beeinflußbar ist, sind sie sehr erleichtert. Ihre Meinung von sich selbst bessert sich. Sie werden fähig zu denken: »Das bin nicht ich, das ist nur mein Achillesfersen-Reflex! Ich werde nur für einen Moment humpeln, und dann werde ich mein Gleichgewicht wiederfinden!«

Sobald wir geistige Hindernisse als Energien betrachten, sind wir in der Lage, geschickt mit ihnen umzugehen. Wir können sie erkennen, wir können sie verstehen, wir können überlegte Entscheidungen diesbezüglich treffen, und wir können in bezug auf sie weise handeln. Dann fühlen wir uns auch von ihnen nicht mehr angegriffen. Wenn ich früher von einer dieser Energien überwältigt wurde, fühlte ich mich, als wäre eine Riesenhand aus dem Nichts gekommen, hätte meinen Geist ergriffen und gnadenlos geschüttelt. Heute, selbst wenn ich schwierige innere Zustände erfahre, die ich nicht kontrollieren kann, weiß ich, daß ihre Quelle in meinem eigenen Geist liegt und daß nichts außerhalb von ihm geschieht. Selbst wenn ein eindeutig äußeres Ereignis die Reaktion von Furcht oder Traurigkeit ausgelöst hat, die sich bei mir als Ärger zeigt, ist es im wesentlichen das Muster meines Geistes, das diese Reaktion geformt hat.

Manchmal scheint der Geist traurig oder furchtsam oder ärgerlich zu sein, ohne daß ein äußerer Anlaß erkennbar ist. Manchmal scheint Ärger ganz von selbst zu entstehen. Und manchmal beginnen wir den Tag, und der Geist fühlt sich, als wenn er mit dem falschen Fuß aufgestanden wäre. Der Geist ist schlechter Stimmung, er ist streitlustig. Natürlich gibt es *irgendeinen* Grund dafür, da alles seine Ursache hat, aber es muß nicht ein äußeres Ereignis sein. Vielleicht haben wir schlecht geträumt. Vielleicht haben wir nicht genug geschlafen. Vielleicht gab es eine Hormonveränderung im Körper. Vielleicht ist es die Mondphase. Die Chemie unseres Körpers kann für mehr oder weniger reizbare Energien im Geist verantwortlich sein.

Da eine mürrische Stimmung, die aus dem Nichts zu kommen scheint, so unerklärlich ist, gehen wir, glaube ich, herum und halten Ausschau nach etwas, worüber wir uns aufregen könnten, irgendeinen äußeren Umstand, den wir nicht leiden können, um diese Energie zu entladen. Selbst in Meditationsretreats, bei denen sich die Leute überhaupt nicht kennen, werden vielschichtige Rachefeldzüge gegen absolut Fremde konstruiert als Reaktion auf eine vorübergehende mürrische Stimmung. Plötzlich wird eine ganz bestimmte Person das Gefäß der eigenen inneren Reizbarkeit, weil sie im Meditationsraum zu laut gegangen ist oder gehustet hat. Du beginnst, diese Person absolut nicht zu mögen, von dem Augenblick an ermöglicht dir jede ihrer Gesten, dir selbst lange Erklärungen zu geben, die deine negativen Gefühle rechtfertigen.

Es wäre lächerlich, wollte man vorschlagen, man sollte negative Gefühle ignorieren, weil sie sowieso vergänglich sind. Selbst wenn oder vielleicht sogar gerade wenn sie unsere Reaktion auf sich verändernde innere chemische Vorgänge oder die wunderlichen Launen der Stimmung sind, müssen wir ihrer Gegenwart gegenüber wachsam sein. Sonst könnten wir vielleicht die Auslegung für wahr halten, die sie den Ereignissen um uns geben, und das könnte uns dazu verleiten, uns unklug zu verhalten. Wir dürfen nicht vergessen, daß, welche Stimmung auch immer wir haben, sie als Filter unserer Erfahrung wirkt.

Andererseits, wenn Ärger im Geist entsteht als Reaktion auf einen äußeren Vorfall, ist es hilfreich, nach dem traurigmachenden oder angsterregenden Aspekt dieses Ereignisses zu suchen und dann die möglichen Maßnahmen zu ergreifen, um die Traurigkeit oder die Furcht anzugehen. Zu wissen, daß die Ablehnung oder Abneigung eine vorübergehende Energie ist, heißt nicht, sie zu ignorieren. Es bedeutet, sie immer klar zu sehen und weise damit umzugehen.

»Aber es ist mein Bänkchen!«

Vor Jahren nahm ich an einem mehrwöchigen intensiven Meditationsretreat teil. Damals benutzte ich nicht nur ein Kissen, auf dem ich saß, sondern hatte auch ein Bänkchen in der Nähe, damit ich dorthin wechseln konnte, wenn mir das Sitzen auf dem Kissen zu beschwerlich wurde. Ich hatte Angst, mein Körper könnte mir weh tun, und ich hatte das Gefühl, ich müßte jedes nur mögliche Hilfsmittel bei mir haben. Auch saß ich an der rückwärtigen Wand des Meditationsraumes, damit ich mich dagegen lehnen konnte, wenn ich Unterstützung brauchte.

Eines Nachmittags, ich saß gerade recht entspannt auf meinem Stammplatz vor dieser Wand auf meinem Kissen, rechts von mir stand mein Bänkchen. Plötzlich hörte ich ein raschelndes Geräusch neben mir. Ich öffnete meine Augen einen Spalt und sah eine Hand herunterreichen, mein Bänkchen nehmen und damit weggehen. Ich beobachtete, wie derjenige, der es genommen hatte, es in einiger Entfernung von mir absetzte und sich darauf niederließ. Der Betreffende war neu, jedenfalls hatte ich ihn bisher noch nicht gesehen.

Ein Vulkan an Reizbarkeit explodierte in meinem Geist, ich war voller »rechtschaffener« Empörung. Er hatte *mein* Bänkchen! In diesem Moment war es völlig egal, daß ich ja ein Kissen hatte und sich mein Körper dort recht wohl fühlte. Ich wußte auch, daß es noch zusätzliche Meditationsbänkchen und -kissen gab, die ich mir von einem der Kursleiter hätte holen können. Aber diese Person saß auf *meinem* Bänkchen. Ich verbrachte viele erregte Stunden damit, im Geiste vorwurfsvolle Zeilen an die Person zu verfassen, die mein Bänkchen genommen hatte. Ich schrieb nie einen wirklichen Brief, aber mein Geist ersann unbarmherzig alle nur möglichen Sätze. Die Sätze bewegten sich von kühler Höflichkeit über milden Sarkasmus bis hin zu unverhüllten Forderungen. Jeden Tag saß derselbe Mann auf meinem Bänkchen, offensichtlich ohne einen Gedanken daran zu verschwenden. Jedesmal, wenn ich den Meditationsraum betrat, steigerte sich mein Ärger noch weiter.

Als die Tage vergingen und kein Anzeichen dafür sprach, daß mein Bänkchen wieder zurückkehren würde, fachte eine neue Befürchtung meinen Ärger weiter an: Derjenige könnte ja vielleicht mein Bänkchen mit nach Hause nehmen. Ich begann alles an dieser Person zu verabscheuen. Ich konnte es nicht leiden, wie er ging, wie er saß, wie er aß. Eines Tages, direkt nach dem Mittagessen, als ich mich an der Art gestört hatte, wie er sein Geschirr abwusch, kehrte ich für die Nachmittagssitzung in den Meditationsraum zurück und sah, daß mein Bänkchen an seinem ursprünglichen Platz direkt neben mir zurück war. Derjenige, der es benutzt hatte, war gegangen. Offensichtlich war er erst später zum Meditationsretreat gekommen und hatte es schon frühzeitig wieder verlassen. Plötzlich klärte sich mein Geist. Es war, als sei er fünf Tage lang von einem Sturm erfüllt gewesen, und nun war der Sturm plötzlich vorbei.

Er war *wirklich* fünf Tage lang von einem Sturm erfüllt gewesen. Mir wurde klar, daß ich diese ganze Zeit in einem Sturm über den Standplatz eines Bänkchens verbracht hatte, das ich gar nicht brauchte. Das ganze Erlebnis kam mir bizarr vor. Ich hatte unglaubliche Energien verbraucht. Ich war völlig verwundert. Ich dachte bei mir: »Mache ich das in meinem Leben immer so?«

Faulheit und Trägheit

Ich habe eine Freundin, die in der ganzen Welt umherreist und im Rahmen intensiver Meditationswochen Kurse in buddhistischer Praxis gibt. Sie hat ihren Freunden erzählt, daß ihr schwierigstes Hindernis Faulheit und Trägheit sind. Wenn ihr Telefon läutet und eine Stimme sagt: »Ich möchte Sie einladen, einen Meditationskurs in Paris zu leiten« (oder an einem anderen ausgefallenen Tagungsort), wird ihre innere Stimme reagieren mit: »O nein! Das ist ja so weit weg! So eine lange Fahrt!«, und ihre ausgesprochene Antwort lautet gewöhnlich: »Sicher, gerne!« Sie weiß, daß ihre ursprüngliche innere Antwort vom Filter ihres Geistes beeinflußt ist, der alle Vorschläge, egal wie verführerisch sie für andere Menschen aussehen mögen, irgendwie als schwierige Aufgabe betrachtet. Sie weiß, daß sie gern unterrichtet und eine gute Lehrerin ist und daß es das klügste für sie ist, diese reflexartige Reaktion zu überwinden mit einer überlegten, gewandten Antwort.

Faulheit und Trägheit hören sich an wie etwas Schlimmes. Sie haben einen Unterton von Unanständigkeit. Ich denke, dem westlichen Denken erscheinen sie wie Möglichkeiten, für oder gegen die man sich entscheiden kann. Beispielsweise haben wir die Wahl, zu lügen oder die Wahrheit zu sagen, da dies keine dem Geist innewohnenden Eigenschaften sind. Faul oder fleißig zu sein sind auch eher Wahlmöglichkeiten, die wir haben, als dem Geist innewohnende Qualitäten. Benützt man die Begriffe Faulheit und Trägheit jedoch im Zusammenhang mit einer der fünf schwierigen Geistesenergien, sollen sie einen geistigen Zustand von niedriger Energie beschreiben.

Weil die Geistesenergien sich dauernd wandeln und verändern, haben wir alle schon geistige Zustände mit niedriger Energie erfahren. Für einige Menschen, aus welchem Grund auch immer, sind sie sogar eine häufige Erfahrung. Das soll nicht heißen, daß dies faule Menschen sind. Es könnte wie bei meiner Freundin bedeuten, daß es für sie notwendig ist, gegenüber der Präsenz des Geisteszustands als einem ständig sich verändernden Filter wachsam zu sein, damit er nicht unbewußt die Entscheidungen beeinflußt, die sie treffen.

Manchmal machen Leute, deren Geist schläfrig und erstarrt ist, den Eindruck, sie seien besonders erfolgreich beim Meditieren. Sie können stundenlang auf ihren Kissen sitzen und erfreuen sich offensichtlich intensiver konzentrierter Zustände. Wahrscheinlicher ist aber, daß sie eingeschlafen oder zumindest in einem halbschlafartigen Zustand sind. Die Fähigkeit, lange auf einem Platz sitzen zu können, ist für sich gesehen eigentlich kein Zeichen geistigen Fortschreitens. Ein berühmter, oft zitierter Thai-Meditationslehrer antwortete auf die Frage eines Schülers, wie lange man täglich in Meditation sitzen solle: »Wie lange du sitzt, ist nicht wichtig. Ich habe Hühner tagelang ohne Unterbrechung auf ihren Nestern sitzen sehen, und sie werden dennoch nicht erleuchtet.«

Sitzen ist nicht Meditieren. Sitzen ist sitzen. Sitzen mit gesammeltem Geist, mit wacher Aufmerksamkeit, der Fähigkeit zur Überprüfung und empfänglich für das Erwachen des Verstehens – *das* ist Meditation.

Meditierende, deren Geist häufig faul und träge ist, müssen deshalb das Meditieren nicht aufgeben. Wenn sie erkennen, daß ihre geistige Verfassung nur eine zeitlich begrenzte und vorübergehende Erfahrung ist, können sie alle mögli chen Dinge tun, während sie darauf warten, daß sie vorübergeht. Sie können ihre Augen öffnen. Sie können tiefe Atemzüge machen. Sie können sich ganz gerade hinsetzen. Sie können im Gehen meditieren statt im Sitzen, denn niemand schläft ein, während er geht. Am wichtigsten ist, daß sie sich nicht mit ihrem Geisteszustand identifizieren, als ob er nur ein Spiegelbild ihrer selbst sei oder irgendwie ihr Charakter. Sie sind keine faulen Menschen, sondern Menschen, für die niedrige Energie im Geist eine gewohnte Erfahrung ist.

Wenn man sich den Geist als Gyroskop (ein Gerät zum Nachweis der Achsendrehung der Erde) vorstellt, im wesentlichen sich auf den Punkt des Gleichgewichts und der Ausgeglichenheit zubewegend, aber fortwährend sich verschiebend und verändernd als Reaktion auf das, was um ihn herum vorgeht, wird verständlich, daß es Phasen von stärkerer Energie und Phasen von geringerer Energie geben kann. Dies sind natürliche Energieveränderungen des Geistes auf seinem Weg zu immer größerem Gleichgewicht.

Ruhelosigkeit

Wenn Abneigung der Geist ist, der nach einem Kampf Ausschau hält, und Trägheit der Geist, der einschläft, ist Ruhelosigkeit der Geist, der den Horizont nach der nächsten bevorstehenden Katastrophe absucht. Energetisch gesehen ist Ruhelosigkeit der Gegenpol von Trägheit. Trägheit ist der Geist mit niedrigem Energieniveau, und Ruhelosigkeit ist der Geist mit hoher Energie.

Manchmal zeigt sich die Ruhelosigkeit als zappeliger Körper, aber das wird nur in Meditationssituationen zum Problem, in denen das Protokoll ein ruhiges Sitzen erfordert, um zu vermeiden, daß andere Leute gestört werden. Problematischer ist der zappelige Geist, der Geist, der nicht in der Lage ist, ruhig zu bleiben. Es ist so, als würde der Geist, der zuviel Energie hat, sich suchend umschauen nach möglichen Quellen der Sorge. Menschen, deren vorwiegendes Hindernis die Ruhelosigkeit ist, werden zu gewohnheitsmäßig sich um alles Sorgenden, und obwohl es ihnen oft peinlich ist, es zuzugeben (»Sich um Dinge zu sorgen, die man nicht ändern kann, ist so *albern*«), ist Ruhelosigkeit eine Gewohnheit, die ganz besonders schwierig zu ändern ist.

Ich weiß mehr über Ruhelosigkeit als über jedes andere Hindernis, denn sie war mein vorherrschendes Problem. Mein Geist hat die Fähigkeit und die Neigung, im Grunde neutrale Fakten zu nehmen und daraus Sorgen zu spinnen.

Szenario

Ich stehe in einem fremden Land an der Straßenecke, an der ich mich mit meinem Ehemann für fünf Uhr verabredet habe. Es ist zwei Minuten vor fünf. Mir kommt der Gedanke: »Und wenn er in den nächsten zwei Minuten nicht auftaucht? Dann ist er sicher überfallen oder sogar getötet worden! Oder er wird irgendwo als Geisel gehalten! Oder hatte einen Herzanfall! Wenn ich nur wüßte, wo die Amerikanische Botschaft ist. Wenn er nicht kommt, gehe ich zur Amerikanischen Botschaft ...« Dieser Gedanke dauert drei Sekunden, in dieser Zeit überschwemmt Adrenalin meinen Körper, mein Herz rast, und ich beginne zu schwitzen. Der Adrenalinausstoß vervielfacht die Sorge, und weitere Sorgen tauchen auf: »Wen kenne ich in diesem Land? Wie kann ich unsere Kinder erreichen?« Punkt fünf Uhr kommt er. Ich bin erleichtert – und müde.

Im Geist eines gewohnheitsmäßigen »Sorgenmachers« ist diese Art Szenario etwas Alltägliches. Nur die Orte und Personen ändern sich, um der jeweiligen Situation zu entsprechen. Das Wesen des ruhelosen Geistes, umherzuschweifen und nach Material zu suchen, um eine Geschichte daraus zu machen, bleibt dasselbe.

Als Ergebnis meiner Übung bin ich ein sich erholender Sorgenmacher. Mein Geist erfindet immer noch erschreckende Geschichten, aber ich bin viel weniger geneigt, sie zu glauben. Manchmal kann ich die geschichtenerfindende Maschine rechtzeitig stoppen, ehe sie eine neue Geschichte aufwühlt, und manchmal kann ich sogar darüber lachen. Wenn ich diese Sorgenmaschine ganz von meinem Geist trennen könnte, würde ich das sicher tun. Es gefällt mir überhaupt nicht. Aber ich wurde damit geboren, aus welchen karmischen Gründen auch immer, und nun habe ich sie am Hals. Doch ich habe gelernt, sie und mich selbst mit mitfühlender Zuneigung zu akzeptieren. Ich behandle sie wie einen unangenehmen Nachbarn, der in der Wohnung nebenan lebt und mitten in der Nacht laute Musik spielt. Wenn ich gezwungen bin, in meiner Wohnung zu bleiben, habe ich zwei Möglichkeiten. Ich kann mich entspannen und sagen: »Diese Nachbarn sind sehr unangenehm, aber vielleicht ziehen sie ja bald aus. Bis dahin kaufe ich mir Ohrstöpsel oder einen Walkman und Bänder, die *ich* gern höre.« Oder ich kann vor Wut schäumen, den Vermieter anrufen, Briefe an die Mietervereinigung schicken und immer wütender werden. Erst wenn ich erkenne, was da vor sich geht, sehe ich meine Wahlmöglichkeiten.

Die Frau am Strand von Guaymas

Einer meiner wichtigsten Gurus war eine Frau, deren Namen ich nicht weiß, obwohl ich ihre Geschichte schon ein dutzendmal erzählt habe. Sie hat mich die dramatische Lektion gelehrt, daß meine Sicht des Lebens als gefährlich und von Unwägbarkeiten bestimmt meine individuelle Auffassung ist und keineswegs die einzig mögliche. Als mir klar wurde, daß sie und ich dieselbe Situation auf völlig verschiedene Weise sahen, verstand ich, daß die Sichtweisen von der jeweiligen Brille bedingt werden, mit der die Wahrnehmung eines jeden ausgestattet ist. Es hilft mir, mich daran zu erinnern, daß diese Brille meine Lebenserfahrung färbt, und manchmal denke ich: »Vielleicht würde diese Situation mit der Brille eines anderen völlig anders aussehen.«

Ich traf diese Frau vor zwanzig Jahren am Strand von Guaymas. Es war Sommer, und in der Sonora-Wüste von Mexiko war es sehr heiß. Ich wohnte in einem modernen Hotel mit Klimaanlage. In der Nähe war ein Campingplatz, wo die Leute, auch diese Frau, in kleinen Wohnwagen hausten. Diese Frau war jung, und sie hatte zwei Söhne. John, der ältere, war vier Jahre alt, und das Baby begann gerade zu krabbeln. Sie erzählte, daß sie im Sommer nicht in Los Angeles bleiben wollte, wo sie sonst lebte, deshalb hielt sie sich mehrere Monate auf dem Campingplatz auf, und ihr Mann besuchte sie jedes Wochenende mit seinem kleinen Flugzeug.

Alles an ihrer Geschichte schien mir Anlaß zur Sorge zu sein:

- als Frau allein am Strand in einem fremden Land zu leben,
- auf ein Baby aufpassen zu müssen, das am Wasserrand herumkrabbelte, während man noch auf einen schnorchelnden Vierjährigen zu achten hatte,
- das Problem, sauberes Trinkwasser zu bekommen oder die Milch und die anderen verderblichen Lebensmittel bei der Hitze zu kühlen,
- die Entfernung zum nächsten Arzt (ob sie überhaupt an so etwas gedacht hatte?),
- die Gefahr, die darin lag, daß ihr Ehemann jedes Wochenende selbst nach Mexiko flog.

Wirklich, jeder Aspekt ihrer Situation versorgte mich mit Material, aus dem ich Katastrophen konstruieren konnte.

Sie schien eine angenehme, entspannte Zeit zu verbringen.

Eines Nachts hatten wir ein heftiges Unwetter mit krachendem Donner und zuckenden Blitzen, die den Himmel wie Feuerwerk erhellten. Der Regen war sturzflutartig, und als ich aus meinem Fenster im sechsten Stock sah, machte ich mir Sorgen, es könnte zu einer Überschwemmung kommen und was diese dann auf dem Campingplatz anrichten würde. Als der Morgen anbrach, hatte der Sturm aufgehört, und ich beeilte mich, nach meiner Frau und ihren Kindern zu sehen. Der Campingplatz war in einem schlimmen Zustand! Der Regen hatte alles, was sich außerhalb der Wohnwagen befunden hatte, über den ganzen Strand geschwemmt, und die Menschen waren eifrig dabei, aufzuwischen und ihre Haushaltsgegenstände wieder einzusammeln. Auch meine Frau war beim Aufwischen, die Kinder spielten zufrieden in der Nähe.

»Wie war der Sturm?« fragte ich.

»Phantastisch«, antwortete sie.

»Hatten Sie Probleme mit den Kindern?« Ich schaute zu

den beiden hinüber, die juchzend durch die Pfützen patschten.

»O nein«, erwiderte sie. »Das Baby hat den ganzen Sturm verschlafen, und bei John wäre es nicht anders gewesen, wenn ich ihn nicht aufgeweckt hätte, damit er das Unwetter nicht verpaßt.«

Ich war sprachlos. Ich dachte mir: »*Offensichtlich gibt es noch eine andere Art und Weise, sein Leben zu bewältigen!*«

Ich begriff, daß sie und ich dieselben Fakten hatten, sie aber durch unterschiedliche Brillen betrachteten. Bei mir kam eine Katastrophengeschichte heraus und bei ihr ein spannendes Abenteuer. Ich hätte gern die Brille mit ihr getauscht.

Es wäre wundervoll, wenn ich sagen könnte, daß mir von diesem Moment an meine Einsicht in die filternde Natur störender Geistzustände erlaubt hätte, ein klares Verständnis von allen Situationen zu haben. Doch das geschah nicht. Es wäre leicht, wenn wir einfach unsere Filter wechseln könnten. Der Geist, den ich für dieses Leben bekommen habe, ist mit seinen eigenen charakteristischen Filtern ausgestattet, durch die Erfahrung verarbeitet wird.

Wenn auch die Filter eine ständige Einrichtung des Geistes zu sein scheinen, sobald wir sie als solche erkennen, reduziert das ihre Macht. Das ist eine andere Art, jene Dritte Edle Wahrheit Buddhas auszudrücken: »Das Ende des Leidens ist möglich.«

Wir können mit Hilfe von Übungen beginnen, unseren Geist seiner unbewußten Reaktivität zu entwöhnen. Selbst ohne die gewohnheitsmäßigen Neigungen zu ändern, können wir ihnen gegenüber wachsam sein und sie umgehen. Wenn der Geist klar und beständig ist, können wir erkennen, daß die Filter *nichts als* Filter sind, und die zuträglichste Antwort wählen.

Die Frau am Strand von Guaymas war mir eine große Lehrerin. Obwohl ich damals nicht fähig war, mein Verhalten in irgendeiner Weise zu ändern, lehrte sie mich, daß eine andere Art von Antwort möglich ist. Es entwickelte sich in mir eine ungeheure Entschlossenheit, alles nur Notwendige zu tun, das mich in die Lage versetzte, auf andere Weise zu reagieren.

Heute, wenn mein katastrophenschaffender Geist seine Filme abspult, kann ich meist über sie lachen. Es wäre mir viel lieber, sie würden nicht ablaufen. Ich habe ein großes Poster von Meher Baba an der Wand meines Büros hängen, auf dem steht: »Don't worry, be happy« (Sorge dich nicht, sei glücklich). Eines Tages, dessen bin ich mir sicher, ist dies die endgültige Kurzformel kosmischer Weisheit. Bis der Tag kommt, an dem ich das tatsächlich fertigbringe, bin ich zufrieden, wenn ich feststelle, daß ich es geschafft habe, meine Besorgnisse nicht mehr so ernst zu nehmen.

»Wir haben nichts zu fürchten außer der Furcht«

Eine der Erklärungen, die ich Menschen zu geben pflegte, warum ich übte, war: »Ich möchte eine vollkommen furchtlose alte Frau werden.« Das möchte ich wirklich. Am jetzigen Punkt meines Lebens bin ich mir nicht sicher, ob ich es bis zur vollkommenen Furchtlosigkeit wirklich schaffen werde. Ich bin schon sehr glücklich mit »weniger furchtsam«.

Ich erinnere mich an eine der Geschichten aus der Zen-Überlieferung, die Teil meiner frühen Meditationserfahrung war und die von einem absolut furchtlosen Abt handelte. Dieser Abt stand einem Kloster in Japan vor während der Zeit, als Horden von Samurai-Banden durch das Land zogen und alle terrorisierten, die ihnen in den Weg kamen. Eines Tages, als ein besonders schrecklicher Kriegerhaufe die Stadt betrat, in der das Kloster dieses Abtes lag, flohen die Mönche mit allen Stadtbewohnern in die umliegenden Berge. Nur der Abt selbst blieb in Meditation versunken im Meditationsraum sitzen. Der Anführer, wütend darüber, daß sein schreckenerregender Ruf nicht angsteinflößend genug war, um den Abt in die Flucht zu schlagen, stürmte in den Meditationsraum und bedrohte den Alten mit gezücktem Schwert. »Weißt du nicht«, sagte er zum Abt, »daß ich ein Mann bin, der dich in einem Augenblick mit diesem Schwert durchbohren kann, ohne mit der Wimper zu zucken?« Darauf soll der Abt erwidert haben: »Und ich, Herr, bin der Mann, der in einem Augenblick mit einem Schwert durchbohrt werden kann, ohne daß er mit der Wimper zuckt.«

121

Ich glaube, meine Lehrer erzählten diese Geschichte, weil sie meinten, sie würde uns anspornen. Ich war mehr entmutigt als angespornt, denn ich fühlte mich so weit entfernt von diesem Ideal und konnte mir nicht vorstellen, daß ich es jemals erreichen würde.

Ich glaube, daß unsere am tiefsten verwurzelten Ängste, jene, die die herausragendsten waren in diesem Leben, so in unsere neurologischen Bahnen eingegraben sind, daß sie wahrscheinlich ein Teil unserer Erfahrung bleiben werden bis ans Ende unserer Tage. Robert Stolorow, einer der wichtigsten Sprecher der Self-Psychology-Bewegung, schrieb, daß es völlig egal ist, wie bewußtgemacht und analysiert die Entstehungsgeschichte eines Angstsystems in der Psychotherapie auch ist, sobald die gleiche Konstellation von Ereignissen eintritt, wird dieselbe angstbestimmte Reaktion erfolgen. Egal wie hochfliegend auch unsere Einsicht ist, im wesentlichen sind wir Tiere, geprägt durch unsere Erfahrungen.

Eine der furchterregenden Konstanten meiner Kindheit war die Angst um das Leben meiner Mutter. Sie hatte eine rheumatische Herzkrankheit und konnte sich nachts nicht flach hinlegen. Ihre Lungen liefen dann voll Flüssigkeit, und sie mußte aufstehen, hustend und um Atem ringend. Ich lag in meinem Bett im Zimmer nebenan und lauschte ihrem Husten. Das nächtliche Husten war *das* schreckenerregende Geräusch meiner Kindheit. Nächtliches Husten bleibt die Achillesferse meines neurologischen Systems. Ich habe einen Tick, was nächtliches Husten betrifft.

Jedes meiner vier Kinder, die jetzt alle erwachsen sind, hatte die üblichen Kinderkrankheiten. Sie hatten Windpocken, Masern und Mumps. Sie sind hingefallen. Ihre Wunden mußten genäht werden. Sie brachen sich Arme und Beine und brauchten Gipsverbände. Man nahm ihnen die Mandeln heraus, damals, als es noch üblich war, die Mandeln herauszunehmen. Und das alles hat mich nicht besonders beunruhigt. Aber wenn sie nachts husteten, geriet ich in Panik. Es war immer sehr schwierig für mich. Ich mußte mir selbst immer wieder sagen: »Er hat nur die Grippe« oder »Sie hat nur eine Erkältung«. Daß mir meine Haare zu Berge standen und ich von Panik erfaßt wurde, war ein Reflex. Ich denke, jeder von uns hat seine eigene furchterregende Variation des nächtlichen Hustens.

Ich glaube nicht, daß uns diese Erkenntnis entmutigen sollte; ich glaube, daß es einfach ein weiteres Stück an Information darüber ist, wie der Geist arbeitet. Furchtsamkeit muß nicht unbedingt ein großes Problem sein, wenn wir erkennen, daß unsere Ängste ein Ergebnis unserer Prägung sind, ganz unmittelbar von unserem jetzigen Leben und wer weiß von welchem anderen Leben noch. Wir können unsere Ängste anerkennen und sie mit einbeziehen. Selbst wenn ich mich alarmiert fühle bei etwas, das so harmlos ist wie ein Husten, der eine Erkältung begleitet, kann ich zu mir sagen: »Dies ist ein Ergebnis meiner früheren Prägung.« Damit, daß ich mir das vergegenwärtige, vermeide ich, unangemessene oder unnötige Aktionen zu starten.

Neulich zeigte mir jemand eine Alarmanlage. Sie war so angelegt, daß sie ausgelöst wurde, sobald in einer der Richtungen, in die das elektronische Auge schaute, Bewegung entstand. Ich denke, in gewisser Weise sind die Menschen wandelnde Alarmanlagen. Unsere Antennen sind so eingerichtet, daß sie Signale von allem empfangen, was uns vielleicht ängstigen könnte. Wenn uns die Dinge nicht erschrecken, beachten wir sie nicht weiter, sind sie für uns bloße Hintergrundwahrnehmungen. Aber jeder von uns wird aufgeschreckt, ist bereit loszugehen, sobald etwas, das wir als furchterregend erkannt haben, Alarm auslöst. Vielleicht meinen die Menschen diesen Mechanismus, wenn sie über ihre Beziehungen sagen: »Wir drücken gegenseitig unsere Knöpfe.« Vielleicht ist es das, was diese Knöpfe sind – Alarmknöpfe.

Einer der Wege, wie wir enge Beziehungen mit anderen Leuten aufbauen, ist, unsere Ängste mit ihnen zu teilen, ihnen Dinge zu erzählen, die uns immer noch Angst einjagen. Wir lernen, einander zu sagen: »Ich möchte, daß du weißt, daß dies mein Alarmknopf für das Verlassenwerden ist, und er wurde installiert, als meine Mutter nicht da war, um mich vor der Angst, verlassen zu werden, zu schützen.« Wenn wir damit beginnen, unser Alarmsystem zu beschreiben, können auch unsere Partner uns mit dem Schaubild ihres Systems vertraut machen. »Du hast mir das Funktionieren deines Alarmsystems gezeigt, hier ist eine Skizze von meinem.«

Wenn wir anfangen, die Art und Weise zu verstehen, auf die die Menschen im Laufe ihres Lebens in Schrecken versetzt worden sind, fällt es uns leichter, ihnen Mitgefühl statt Ärger entgegenzubringen. Statt zu sagen: »Oh, ich bin so wütend, daß ich mit diesem Menschen den Rest meines Lebens verbringen muß«, könnten wir zu fühlen beginnen: »Oh, ich bin so traurig, daß dieser Mensch, zu dem ich mich so hingezogen fühle, all diese schrecklichen Knöpfe hat. Wie furchtbar muß es für sie oder ihn gewesen sein, sich mit all diesen Alarmknöpfen schützen zu müssen.«

Es ist nicht peinlich, immer noch Ängste zu haben. Wir können alle erwachsen sein und trotzdem weiterhin Ängste haben. Wir teilen unsere tiefstsitzenden Ängste mit unseren engsten Vertrauten – oft ein spiritueller Lehrer oder ein Psychotherapeut. Wenn wir Glück haben, ist es unser Lebensgefährte, mit dem wir unsere intimsten Ängste teilen können. Ängste, die man laut ausspricht, scheinen nie so schreckeneinflößend wie die, die man vor anderen verborgen hält. Ich bin alt genug, um noch selbst Franklin Roosevelt erlebt zu haben, als er den berühmten Satz sprach: »Wir haben nichts zu fürchten außer der Furcht.« Ich glaube, er hatte recht.

Zweifel

Der Zweifel, in der traditionellen Liste der den Geist beunruhigenden Energien als »glitschig« beschrieben, stellte sich als am schwersten zu fassender Abschnitt beim Schreiben dieses Buches heraus. Darum schreibe ich über den Zweifel erst jetzt. Dem Aufbau des Buches nach hätte dieser Abschnitt viel früher kommen müssen, aber jedesmal, wenn ich versuchte, darüber zu schreiben, entzog sich mir jeder gute Gedanke, den ich dazu hatte. Ich begann ernsthaft zu bezweifeln, daß ich diesen Teil überhaupt schreiben *konnte.* Ich erzählte meinem Mittwochmorgen-Kurs, wie ich es zuvor unzähligen Kursen gegenüber schon getan hatte, daß ich glaubte, nicht über Zweifel schreiben zu können, weil ich keine Zweifel hätte. Inzwischen glaube ich, daß dies absolut falsch ist. Manche Arten von Zweifel habe ich nicht. Eine andere Art Zweifel, den Großen Zweifel, den habe ich sicher gehabt und habe ihn manchmal *immer noch.* Eine ziemlich peinliche Sache, wenn jemand, der auf dem spirituellen Pfad ist, so etwas zugibt! Doch solange ich dies nicht zugebe, werde ich dieses Buch nicht beenden können.

Wir können verschiedene Ebenen des Zweifels erfahren – alles von persönlicher Unsicherheit bis zu kosmischer Unsicherheit. Alle Äußerungen des Zweifels sind Erwägungen des Geistes, die von der Wahrheit, wie die Dinge sind, »abrutschen«. Wenn wir klar sehen können, verstehen wir, daß – angesichts der Geschichte der gesamten Schöpfung – jeder von uns die einzige Person ist, die er sein konnte, und die

Welt die einzige Welt, die sie sein konnte. Die Wahrheit ist: »Alles ist in Ordnung, so wie es ist.« Ein unsicherer Geist erzeugt falsche Eindrücke wie »Ich bin nicht in Ordnung«, »Du bist nicht in Ordnung« und »Auch die Welt ist nicht in Ordnung«.

Zweifel ist subtiler als die vier anderen verwirrenden Energien. Die anderen kommen mit starken körperlichen Gefühlen einher, die sie verraten. Wir wissen, wie sich Begierde im Körper anfühlt, besonders spezielle Begierden wie Appetit auf Essen oder Sex, die sich in bestimmten Bereichen des Körpers manifestieren. Wir erkennen intensive Abneigung durch die Art, wie der Körper sich anspannt, oder an den Gefühlen des Brennens und Aufgewühltseins, die sie hervorruft. Wir erkennen Trägheit, weil sie sich als Schläfrigkeit zeigt. Ruhelosigkeit erscheint als unruhiger Geist oder nervöser Körper oder beides. Alle Körperenergien sind kaum zu ignorieren.

Zweifel jedoch schlüpft in den Geist und maskiert sich als entmutigende Gedanken. Ist es ihm einmal gelungen, das Sicherheitstor der Achtsamkeit zu überwinden, verhält sich der Zweifel wie ein verdeckter Ermittler, er sabotiert Glauben und Vertrauen. Er kann munter das Vertrauen auf allen Ebenen unterminieren, weil er das direkt und ausschließlich von innen tut.

Früher pflegte ich immer zu sagen: »Ich habe überhaupt keine Probleme mit dem Zweifel, weil meine Eltern auf meine Fähigkeiten vertraut haben.« Sie waren sehr erfolgreich dabei, mir Selbstvertrauen einzuflößen. Mein Leben lang dachte ich: »Wenn andere das können, kann ich das auch.« Wenn man von mir plötzlich verlangte, ich solle in sechs Monaten Sanskrit lernen, würde ich sofort unverzagt damit beginnen.

Das allererste Mal, als ich die Lehren Buddhas hörte, lange bevor ich irgendein tieferes Verständnis davon hatte, dachte ich: »Eines Tages werde ich das unterrichten.« Nun, da ich *tatsächlich* unterrichte, kann ich diesen Gedanken zugeben, der damals unerhört war. Dieser unerhörte Gedanke gab mir eine Menge Mut.

Ich denke, ich habe das Erbe des Selbstvertrauens an meine Kinder weitergegeben, aber ich erinnere mich nicht daran, daß ich mir damals dessen bewußt war. Ich bemerkte, wie Selbstvertrauen arbeitet, als mein ältester Enkel Collin mit zwei Jahren welches zu zeigen begann.

Es hatte sich eingebürgert, daß Collin und ich jede Woche einen Tag zusammen verbrachten, und einmal fuhren wir dabei in ein örtliches Einkaufszentrum. Es war kein gewöhnlicher Tag, denn ich hatte mir den Rücken verrenkt und konnte nichts heben.

»Hör mal, Collin«, erklärte ich, als ich die Wagentür auf seiner Seite öffnete und den Gurt seines Autositzes löste. »Ich kann dich heute nicht hochheben, du mußt selbst herausklettern.«

Collin stand auf und drehte sich vorsichtig um. Er mußte rückwärts über den Sitz zum Autofußboden klettern, eine halbe Drehung machen und dann die Stufe vom Auto auf den Boden heruntersteigen. Als er damit fertig war, schaute er zu mir hoch.

»Was bist du doch für ein großer Junge!« sagte ich und meinte das auch so.

»*Das* bin ich!« erwiderte er ernsthaft.

Ich fand seine Bemerkung so niedlich, daß ich das jedem in der Familie erzählte. »*Das* bin ich!« wurde das Schlüsselwort für »Ich habe Selbstvertrauen«.

Wenn ich an Collins kleines Parkplatzerlebnis zurückdenke, glaube ich, daß das Bedeutsame daran seine Fähigkeit war, sorgfältige Aufmerksamkeit, und das erfolgreich, über eine komplexe Reihe von Aktionen aufrechtzuerhalten. Traditionelle buddhistische Schriften lehren, daß die Fähigkeit, in der Wahrheit des Augenblicks die Aufmerksamkeit aufrechtzuerhalten, das Mittel gegen Zweifel ist.

Selbstvertrauen angesichts gewöhnlicher Aufgaben im Leben ist das eine Ende des Zweifel-Kontinuums. Es stimmt, daß ich keine Probleme mit dem Sanskrit habe. Es stimmt aber nicht, daß ich niemals Probleme mit dem Leben habe. Es ist mir schwergefallen, in mir selbst den kosmischen Zweifel zu akzeptieren. Ich habe es abgetan als »tiefe Einsicht über das Leiden« oder »romantische Melancholie«, Variationen von »Da das Leben zerbrechlich ist, ist der Kosmos nicht in Ordnung«.

»Ich bin okay« ist Selbstachtung. »Du bist in Ordnung« ist vorurteilsfreie Toleranz, ist Freundlichkeit und kommt wahrscheinlich von sanften Genen und gütiger Erziehung. »Das Universum ist okay«, die kosmische Zufriedenheit, nennen wir Glauben.

Ich pflegte meine Glaubenslosigkeit herumzuzeigen wie ein Verdienstkreuz. »Glauben ist nicht zwingend notwendig«, sagte ich immer. Entweder du glaubst, oder du glaubst nicht. »Glaubenssysteme sind auch unnötig«, pflegte ich zu erklären und berief mich dabei auf die Lehren Buddhas über die Bedeutung der persönlichen, direkten Entdeckung der Wahrheit. Er hat *wirklich* gelehrt, daß anderer Leute Wort darüber zu akzeptieren, wie die Dinge sind, nicht den Platz einnehmen sollte wie die individuelle Erfahrung und persönliche Bestätigung, aber er hat nicht gesagt, daß der Glaube nicht zählt. Diesen Teil habe ich erfunden.

Heute scheint es mir sehr hochmütig, den Glauben trivialisiert zu haben. Wer auf der Erde hat keinen Glauben nötig? Das Leben ist so kompliziert und unerklärlich und entzieht sich seinem Wesen nach jeder Kontrolle. Es ist natürlich in Ordnung, so wie es ist, weil es gerade das ist, was es ist. Buddha lehrte, daß das Universum ziemlich gesetzmäßig funktioniert. Es ist kein Versehen. Aber es ist so *geheimnisvoll*.

Glaube ist für mich die stützende Fähigkeit geworden, die das Gleichgewicht des Geistes aufrechterhält, wenn die glitschige Energie des Zweifels die Wahrheit verzerrt. Und diese glitschige Energie entsteht ganz natürlich wie jede andere irritierende Energie als Energie des Geistes. Wie absurd es war, darauf zu beharren: »Ich habe keine Probleme mit dem Zweifel.« All meine melancholischen Grübeleien über das Leben sind Kundgebungen des Zweifels. Es dauerte eine Weile, bis ich das begriffen hatte.

Vor gar nicht langer Zeit hatte ich einen massiven Anfall von Zweifel. Ich wachte eines Morgens auf, überwältigt von der Gebrochenheit des Lebens. Warum gerade an *diesem* Tag und nicht jeden Tag, darüber kann man nur spekulieren. Den Abend zuvor hatte ich eine traurige Familiennachricht erhalten, aber es war nichts Schreckliches. Die Jahreszeit neigte sich dem Herbst zu, und die Morgendämmerung kam später als sonst, aber nicht viel später als am Tag zuvor. Der Grund schien unbedeutend. Meine Stimmung war düster.

Ich lebe auf dem Land, und bei mir zu Hause waren mein Mann und ein guter Freund, die beide meine spirituellen Freunde und Vertrauten sind und beide, auf unterschiedliche Weise, meine spirituellen Lehrer.

»Wie geht es dir heute morgen?« fragte der Freund.

»Schrecklich«, weinte ich. »Ich bin ein ausgemachter Betrüger – allen Leuten erzähle ich, ›Frieden ist machbar‹, ›Man kann das Leben umarmen‹, ›Es ist voller Kummer und Verlust, aber es muß nicht voller Leiden sein‹, und es stimmt nicht, es ist *alles* kaputt, und wir sind als Menschen nicht dazu ausgerüstet, es zu ertragen, und was ist, wenn alle Religionen nur eine Täuschung sind und wir einander und allen anderen nur große Lügen erzählen?«

Vielleicht habe ich das nicht alles in einem Satz gesagt, aber das war sicher das Wesentliche dessen, was ich während der Frühstücksvorbereitungen gesagt habe. Beide Männer hörten mir zu. Ich weinte, und ich machte Rühreier. Keiner versuchte, mir meine Meinung auszureden. Keiner versuchte, mich an spirituelle Wahrheiten zu erinnern. Es versuchte auch keiner, mich zu trösten. Aber ich wußte, sie hörten zu.

Ich setzte meine Aufzählung kosmischer Zweifel und Selbstzweifel während des ganzen Frühstücks fort. »Schaut doch mal, wie kaputt die Welt ist!« insistierte ich. »Alles stirbt. Keiner versteht irgend etwas. Jeder tötet den anderen. Der Planet geht den Bach runter. Es ist lächerlich, Glückseligkeit zu predigen. Es ist nicht nur lächerlich, es ist eine *Lüge*, denn ich fühle mich nicht glücklich . . . Vielleicht gibt es ja *irgendwelche* Menschen, die das Ende des Leidens erreicht haben, aber ich nicht!«

Für meinen Mann war mein melancholischer Ausbruch nichts Neues. Für unseren Freund jedoch sehr wohl, und ich dachte kurz: »Du benimmst dich nicht gerade gut, Sylvia.« Aber ich hatte keine Wahl, und ich weinte, und wir aßen, und sie hörten zu und sagten Dinge wie: »Hast du noch Rührei?« und »Gib mir bitte das Ketchup!«

Nach dem Frühstück wuschen wir das Geschirr. Eine Stunde später sagte jemand: »Wer möchte ein bißchen Schriftstudium machen?« Ich antwortete: »Klar, warum nicht.«

Es war, als sei nichts geschehen. Es *war* nichts geschehen. Zweifel war heraufgezogen und wieder weggezogen wie ein Gewitter. Keiner war davor zurückgeschreckt. Ich hatte ihn in meiner Aufmerksamkeit gehalten, sie hatten mich aufrechterhalten mit ihrer Unterstützung, und die Wahrheit war wieder in den Brennpunkt zurückgerutscht. Es *ist* alles kaputt, aber es ist zu handhaben.

Kombinierter Angriff der Hindernisse:
Trauben-Kaugummi

Normalerweise fühlen sich Leute, die durcheinander und unglücklich sind, als ob ihr Geist mit einer bestimmten störenden Energie gefüllt sei. »Ich bin voller Ärger« oder »Ich brenne vor Verlangen!« oder »Ich bin von Zweifel befallen!« Wenn sie von jemandem hören, der einen kombinierten Angriff der Hindernisse hatte, denken sie: »O je, das klingt *wirklich* schrecklich!« Vielleicht haben sie die Vorstellung, daß sich ein kombinierter Angriff der Hindernisse zum einfachen Angriff eines Hindernisses verhält wie Lungenentzündung zum Schnupfen. Aber eigentlich ist jeder Angriff durch ein Hindernis ein kombinierter Angriff. Denk darüber nach.

Angenommen, du verliebst dich in jemanden. Begehren erfüllt deinen Geist. Du denkst die ganze Zeit an diese Person. Eine Weile ist das recht angenehm. Dann, wenn sich die Arbeit allmählich vor dir stapelt und dein Boß langsam sauer wird, denkst du: »Ich nehme mich besser zusammen.« Abneigung steigt in dir auf. »Ich werde diese Gedanken aus meinem Geist verbannen.« Aber sie lassen sich nicht verbannen. Versuche, sich diesen Gedanken, das Objekt des Verliebtseins, aus dem Sinn zu schlagen, erweisen sich als unwirksam. »Ich wünschte, diese Gedanken würden verschwinden.« Inzwischen hat sich noch mehr Arbeit aufgehäuft, und Unruhe entwickelt sich, weil die geliebte Person nicht angerufen hat, wie sie oder er versprochen hatte. Zweifel steigt auf. »Schon wieder, ich habe erneut den Fehler gemacht, mich in jemanden zu verlieben, dem ich egal bin. Was bin ich doch für ein Idiot!« Die Unruhe steigt. »Da kommt mein Chef! Die Arbeit ist nicht fertig! Mein Geist ist in hellem Aufruhr!« Schläfrigkeit macht sich breit: »Ich bin erschöpft!« Du siehst – fünf Zustände, die hintereinander aufsteigen, sobald der erste im Geist Fuß gefaßt hat.

Vielleicht erscheint das ja etwas dramatisch, aber es ist wahr. Überprüfe es anhand deiner eigenen Erfahrung. Es ist gleichgültig, welcher Zustand als erster den Schauplatz deines Geistes betritt. In seiner Spur folgen die anderen vier, in unterschiedlicher Reihenfolge, entsprechend den jeweiligen Umständen.

Hier noch ein anderes Beispiel: Stell dir vor, du gehst in die Oper mit einem neuen Freund, von dem du hoffst, daß er dich gern hat. Du hast einen langen Tag hinter dir, und dein Geist ist voller Schläfrigkeit. Die Musik ist nicht gerade anregend, und du fühlst, wie dir allmählich die Augen zufallen. »Was für einen schlechten Eindruck ich machen werde«, denkst du. »Und dieser Freund hat soviel Geld für die Karten bezahlt!« Du wirst über deine Schläfrigkeit ärgerlich. »Verschwinde aus meinem Geist, ich mache sonst einen fürchterlichen Eindruck!« Die Schläfrigkeit dauert an. Unruhe entsteht im Geist. »Ich halte das nie bis zur Pause aus. Ich werde hier zusammensacken und wahrscheinlich auch noch schnarchen!« Du wünschst dir leidenschaftlich das Ende des Abends herbei, und dann fragt sich der Geist, ob der Abend vielleicht einen erotischen Ausgang haben könnte. Mit dem Gedanken an Erotik wacht der Geist plötzlich auf. »Oh, gut«, denkst du. »Endlich wache ich auf! Wenn ich jetzt meinen Geist weiter auf diese erotischen Gedanken richte, werde ich es schaffen, wach zu bleiben . . .« Das Stück ist zu Ende. Dein Freund fragt: »Wie gefiel dir die Oper?« Du bist alarmiert – du warst nicht einmal anwesend!

Ich hatte einen kombinierten Angriff der Hindernisse am 31. Oktober 1985 in Barre, Massachusetts, wegen einem Stück Trauben-Kaugummi. Es war Halloween. Ich hatte einige Wochen intensiver Meditationsübungen in einem wunderschönen Kloster hinter mir, über dessen Eingangstür »Liebevolle Güte« stand. Ich war wundervoller Stimmung. Ich fühlte mich gelassen begeistert, falls es so einen Zustand geben sollte. Ich war voller Entzücken über meine Übung, und ich hatte phantastisches Vertrauen in mich selbst. Ich sah die Dinge mit unglaublicher Klarheit und stellte mir vor, daß ich auf gutem Wege sei, dies aufrechtzuerhalten.

Als ich den Meditationsraum für die letzte Abendsitzung betrat, war ich überrascht und erfreut, wie wunderschön er aussah. Die im Kloster wohnende Mannschaft, die Leute, die sich um die Bedürfnisse der Retreatteilnehmer kümmerten, hatten den ganzen Raum für Halloween dekoriert. Überall waren Kürbislaternen, die mit großer künstlerischer Sorgfalt geschnitzt und von Kerzenlicht erhellt waren.

Als ich mich meinem Platz im Zimmer näherte, bemerkte ich, daß die Mannschaft auf jedes Meditationskissen als Halloween-Gabe eine Süßigkeit gelegt hatte. »Wie nett«, dachte ich. Dann stellte ich fest, daß die Gabe auf meinem Kissen ein Trauben-Kaugummi war. Ich mag Trauben-Kaugummi nicht.

Ich erlebte einen Augenblick der Abneigung. Ich wollte diesen Trauben-Kaugummi nicht. Andere Leute hatten bessere Sachen, und ich wollte das haben, was sie hatten. Ein Augenblick der Abneigung, gefolgt von einem Augenblick der Begierde, aber niemals hätte ich erwogen, mit jemandem zu tauschen. Also setzte ich mich nieder, den Trauben-Kaugummi in der Hand. Dann hatte ich einen weiteren Moment der Begierde. Mein Freund Roger, der auf dem Kissen vor mir saß, war noch nicht in den Raum zurückgekehrt, und ich hatte die Idee, ihm meinen Kaugummi zu geben. Ich stellte mir vor, er würde glücklich sein, denn dann hätte er zwei Halloween-Geschenke. »Gut gedacht«, gratulierte ich mir. »Nun hast du deine Ablehnung in einen glücklichen Zustand verwandelt.«

Ich legte meinen Kaugummi neben die Süßigkeit auf seinem Kissen und beobachtete ihn, als er hereinkam, die zwei Geschenke sah, sie aufhob und sich hinsetzte. Sofort kam mir der Gedanke: »Was hast du nur für eine Dummheit gemacht! Wie konntest du nur deinen Kaugummi auf Rogers Kissen legen? Nun weiß er, daß ihm jemand sein Halloween-Geschenk gegeben hat, und denkt vermutlich, er hat einen heimlichen Bewunderer, und dieser Gedanke wird wahrscheinlich seinen Geist aufwühlen und aus seiner Ruhe reißen. Und ich, die ich als ernsthafte und weise Meditierende angesehen werde, bin die Ursache seiner Unruhe!« Zu diesem Zeitpunkt war ich völlig entsetzt darüber, wie impulsiv ich gehandelt hatte, und voller Zweifel, ob ich überhaupt über Weisheit verfügte. Darüber hinaus war ich erschöpft. Der ganze Vorgang hatte ungefähr dreißig Sekunden gedauert. Von ruhiger Begeisterung bis zu entmutigter Verwirrung in weniger als einer Minute.

So trivial der Kaugummi ist, so bedeutsam ist diese Geschichte. Erst einmal ist sie ein schönes Beispiel von Zerbrechlichkeit, Vergänglichkeit, Leere von Bewußtseinszuständen. Wie das Wetter ziehen sie heran und wieder davon. Gute Stimmung. Schlechte Stimmung. Ruhige Stimmung. Erschöpfte Stimmung. Dieser bekannte »Albuquerque-Geist«.

In den Augenblicken der geistigen Verwirrung wegen eines Kaugummis lernte ich das wertvollste Mittel gegen jede Art des Angriffs durch Hindernisse kennen. Das magischste Mittel, den Geist ins Gleichgewicht zu bringen, ist das klare Sehen. An diesem Halloween sah ich alles geschehen. Und ich habe gelacht! »Sylvia«, sagte ich, »du hast gerade einen kombinierten Hindernisangriff gehabt. Vergiß also deine erträumte Herrlichkeit, für immer in freudiger Ruhe zu schwelgen. Manchmal ist es friedlich und ruhig; manchmal ist es das nicht. Atme tief durch. Lächle. Genieße die Tatsache, daß du gerade etwas gelernt hast. Atme noch einmal durch. Und genieße es!«

TEIL IV

Klares Sehen: Weisheit und Mitgefühl

Die Natur des Geistes

Wenn die Menschen hören, wie die Buddhisten über die Leere reden und daß der Geist als ungeheure Weite beschrieben wird, verleitet sie das, sich den sorgenfreien Geist als kosmisches Schwarzes Loch vorzustellen. Vielleicht beginnen sie sich zu fürchten und sagen: »Ich wurde immer entspannter in meiner Meditation, aber plötzlich bekam ich Angst, ich könnte vergessen, wer ich bin« oder »Ich habe Angst, ich verirre mich irgendwo und weiß nicht mehr, wie ich zurückkomme.«

Im großen und ganzen geschieht das nicht. Wir erinnern uns, wer wir sind, und gewöhnlich wirkt die Meditationsübung so, daß wir mehr hier sind, mehr im Jetzt, als wir es zuvor waren, und nicht an einem merkwürdigen, veränderten Ort. Daß der Geist weiträumig und ungestört ist, bedeutet nicht, daß der Geist leer von allen Gedanken oder Wahrnehmungen oder Gefühlen ist. Es bedeutet nur, daß der Geist *ungestört* ist.

Als ich ein Kind war, gab es in kleinen Städten amtliche Erlasse gegen die »Störung des Friedens«. Ich wunderte mich damals, was wohl solch eine Störung sei. Lautes Rufen an einem öffentlichen Ort? Lautes Singen auf der Straße? Wenn man unser heutiges komplexes Stadtleben betrachtet, ist die Vorstellung, daß irgendein Ort seinem Wesen nach friedlich ist oder sein sollte, wundervoll altmodisch.

Der *Geist* ist seinem Wesen nach friedvoll. In meinen Augen enthielt diese Entdeckung, zumindest anfangs, eine gute wie auch eine schlechte Nachricht – wie die Pointe vieler Witze heutzutage. Die schlechte Nachricht war, daß der entspannte Geist, der Geist, der frei von Störungen ist, nicht notwendig etwas psychedelisch Abgehobenes hatte. Darauf hatte ich gehofft. Die gute Nachricht war, daß sich Zufriedenheit als der ausgefallenste Geisteszustand von allen herausstellte, der niemals langweilig oder ermüdend war. Wir könnten ihn für immer erfahren. Wir *könnten* ihn für immer erfahren, denn dies ist unser natürlicher Geist.

Weder Zedern noch brennende Büsche

In meinen Meditationsanfängen hatte Annie Dillard großen Einfluß auf mich. Ich las ihr Buch *Pilgrim at Tinker Creek* viele Male. Eine Stelle bewegte mich besonders. Annie beschreibt, wie sie durch den Wald zu ihrer Hütte in Tinker Creek zurückgeht, wo sie ein Jahr in Einsamkeit verbrachte, um die Natur zu erforschen. Offensichtlich war ihr Geist sehr beständig, ihre Aufmerksamkeit stark konzentriert, und sie lebte in einem Zustand gesteigerter Ehrfurcht gegenüber den wechselseitigen Beziehungen zwischen allen Lebewesen. Sicherlich war das ein Geisteszustand, der außergewöhnliche Wahrnehmungen begünstigte.

Als sie an diesem Tag nach Hause spazierte, sah sie eine Zeder in Flammen stehen. Als ich das las, wußte ich sofort, daß sie damit nicht sagen wollte, daß die Zeder tatsächlich brannte. Ich nahm an, es sollte bedeuten, daß der Baum eine leuchtende oder schimmernde Beschaffenheit hatte, die als solche eigentlich nichts Außergewöhnliches war, die sie aber mit außergewöhnlichem Blick schaute. Sie bezeichnet diesen Augenblick als einen verwandelnden und beschreibt, daß solche Visionen ihr ganzes Leben sind.

Also wollte ich meine eigene private Version einer Zeder, meine eigene persönliche Ausgabe eines brennenden Busches. Ich hatte die Vorstellung, wenn der Geist ruhig genug war, würde er innerlich in eine Art von Vierter-Juli-Feuerwerk ausbrechen, unabhängig von dem, was außen war. Ich glaube, diese Vorstellung war auch sehr geprägt von der Eingangsszene des Beatles-Films *Yellow Subma-rine*, wo plötzlich alles in Farben ausbricht. Ich wollte, daß alles in Farben ausbrach.

Als ich dann mit meiner eigenen Meditationsübung fort-fuhr, hatte ich von Zeit zu Zeit wunderschöne Geistes- und Körpererlebnisse. Manchmal fühlte ich sanfte Begeisterungs-taumel im ganzen Körper; mein Körper bebte unter Schau-ern von Wohlgefühl; die Farben um mich herum wirkten ein bißchen leuchtender; manchmal sahen die Umrisse der Blät-ter ein wenig schärfer aus. Das Essen, das ich bei Meditati-onsretreats zu mir nahm, hatte für mich einen viel volleren Geschmack als sonst. Das hieß nicht, daß ein schrumpeliger Apfel plötzlich wieder saftig wurde. Ein schrumpeliger Apfel war immer noch ein schrumpeliger Apfel, und ich wußte das. Und ein delikater Geschmack war ein delikater Geschmack, und ich wußte das. Aber dennoch, nichts stand in Flammen, nichts war lumineszierend, und es gab keine Geistesfeuer-werke. Eines Tages, nach vielen Jahren der Übung, mitten in einem Meditationsretreat, verließ ich das Meditationszen-trum und setzte mich auf eine Bank in der Nähe der Hin-tertür, um die paar Minuten abzuwarten, bis es Mittagessen gab. Es war ein nebliger, grauer Tag. Das Meditationszen-trum war ein altes Gebäude in prosaischer Umgebung, und es war Februar in Kalifornien – trübe und wenig bemerkens-wert. Die Bank war kalt. Vor mir stand ein Baum, immer noch kahl, denn seine Knospen hatten noch nicht begonnen, sich zu öffnen. Und mir kam der Gedanke: »Ob dieser Baum wohl meine Zeder sein könnte?«

Ich schloß die Augen und achtete auf meinen Atem. Ich fühlte meinen Körper auf einer kalten Bank sitzen; ich fühlte die feuchte Luft um mich herum; ich fühlte mich sehr ent-spannt. Ich begann die kalte Bank zu genießen; ich genoß ihre Härte; ich genoß die Wahrnehmung des kalten Nebels um mich herum; mir wurde klar, daß ich mich glücklich fühlte.

Ich war sogar ein bißchen hungrig, aber mir wurde bewußt, daß ich immer noch glücklich war. Bald danach erklang die Glocke zum Mittagessen. Ich hörte sie, und ich genoß das Geräusch, aber ohne jeden Impuls, von der Bank aufzustehen und mich in die Schlange der zum Mittagessen Gehenden einzureihen. Ich blieb sitzen. Plötzlich wurde mir klar, welch ein merkwürdiges Erlebnis dies darstellte, und die Tatsache, daß in mir kein Impuls erwachte, etwas anderes zu tun, war außergewöhnlich. Hier war die Glocke, die mich zu einer potentiell angenehmen Aktivität nach drinnen rief, in eine angenehmere Umgebung, und dennoch war in meinem Geist nicht der Wunsch entstanden, meine Situation zu verändern. Ich war zufrieden. Ich dachte mir: »Wahnsinn! Zufriedenheit ist der ausgefallenste Geisteszustand von allen. Er ist so ungewöhnlich.« Dann dachte ich: »Wahrscheinlich ist dies der Moment meiner Erleuchtung. Wahrscheinlich wird dieser Baum vor mir leuchten und schimmern und glänzen, wenn ich meine Augen öffne.« Verstohlen und zaghaft öffnete ich meine Augen. Der Baum war genau derselbe, so gewöhnlich wie immer. Ich war wirklich glücklich.

Von Zeit zu Zeit erwacht in mir wieder die Sehnsucht nach einer leuchtenden Zeder. Meist passiert das, wenn ich mich besonders ruhig und energiegeladen fühle, und ich denke mir: »Das ist so außergewöhnlich, nun bekomme ich meinen brennenden Busch.« Es ist bisher nicht geschehen. Eigentlich bin ich froh darüber. Wenn ich einen sähe, würde es nicht lange dauern, und er wäre wieder verschwunden, und dann müßte ich wieder damit beginnen, nach dem nächsten Ausschau zu halten, und das wäre ein Problem.

Brennende Büsche sind dünn gesät. Zufriedenheit ist als Möglichkeit in jedem Augenblick enthalten. Eigentlich sind alle Augenblicke zufrieden. Wenn sie es nicht sind, dann liegt das daran, daß der Geist sie verdorben hat.

Die drei Kennzeichen der Erfahrung

Buddha lehrte drei Wahrheiten über Lebenserfahrung, über *jede* Art der Lebenserfahrung, die Glückseligkeit und Zufriedenheit garantieren, wenn sie richtig verstanden werden. Alle drei sind so einleuchtend, daß die Leute, wenn ich sie ihnen erkläre, oft sagen: »Das ist ALLES? Das weiß doch *jeder!*« Das stimmt – es sind alltägliche Wahrheiten, und es ist wahr, daß jeder sie irgendwie kennt. Ich glaube, die Crux der spirituellen Übung ist, daß wir dies auf *instinktivem* Weg erfahren, einem Weg, der uns veranlaßt, uns weniger furchtsam zu fühlen und uns freundlicher zu verhalten.

Die drei Kennzeichen oder Charakteristika jeder Erfahrung sind *anicca, duhkha* und *anatta. Anicca* bedeutet Vergänglichkeit. Nichts ist von Dauer, die Dinge tauchen an einem mythischen Horizont, genannt »Zukunft«, auf, ziehen an uns vorüber als Erfahrungen und verschwinden in einem leeren Raum, genannt »Vergangenheit«. Der letztjährige Super Bowl im Football ist im gleichen leeren Raum wie der amerikanische Bürgerkrieg. *Duhkha* bedeutet das Unbefriedigende. Da nichts von Dauer ist, gibt es keinen Platz, an dem man ausruhen kann, und das Leben ist eine fortlaufende Reihe von Anpassungen auf der Suche nach Wohlgefühl. *Anatta* bedeutet ungeteiltes Selbst. Es bedeutet, daß der endlose Strom der sich erhebenden, sich entwickelnden und verschwindenden Erfahrungen *alles* ist, was da ist. Die Vorstellung, daß es jemand Getrennten geben könnte, der diesen Strom beobachtet, ist eine optische Täuschung.

Wenn die Wahrheiten so einfach sind und jeder sie kennt, warum brauchen wir dann überhaupt spirituelle Übung? Schließlich scheinen manche Leute von Natur aus weise zu sein. Was den Rest von uns betrifft, scheint das verstandesmäßige Wissen nicht auszureichen. Spirituelle Übung bietet die Möglichkeit, es auf innerem Wege zu erfahren, einem Weg, der umgestaltend ist. In den buddhistischen Schriften wird diese Umwandlung die Entwicklung der Weisheit genannt. Du kannst Weisheit nicht sehen, aber du kannst ihren Widerschein erkennen. Ihr Widerschein ist Glückseligkeit, Furchtlosigkeit und Güte.

Der Taxifahrer

An einem Montagmorgen in Massachusetts fuhr ich mit dem Taxi zum Logan Airport, und da der Fahrer mein Alter zu haben schien, ging ich davon aus, daß er Kinder und Enkel hatte. Nach wenigen Minuten hatten wir unsere statistischen Daten ausgetauscht – Anzahl, Jungen oder Mädchen, Alter – und sprachen jetzt über die wundersamen Wege der Vererbung und wie Großvater Jims rotes Haar und Tante Louises extreme Schüchternheit beim vier Jahre alten Kevin wieder auftauchen.

Von dem Wunderbaren all dieser Erscheinungen entwickelte sich das Gespräch anscheinend ganz natürlich hin zu den Freuden: sein Enkel, der Schauspieler; mein Enkel, der Schwedisch sprach; seine Familie, in der sich alle liebten und füreinander sorgten; meine, die dasselbe tat. Bald sprachen wir über die Leiden: welche Kinder gesundheitliche Probleme hatten, Probleme mit ihrer Arbeit, ihrer Beziehung.

Ich machte eine Bemerkung darüber, wie sehr sich doch das Leben jedermanns zu ähneln schien mit seiner Mischung aus Freuden und Kummer, nur die Namen änderten sich. Er stimmte mir zu und lächelte, als er sich an eine Zeit vor vielen Jahren erinnerte: »Wir hatten so viel Spaß dabei«, sagte er, »die Kinder für die Kirche schön anzuziehen. Der Älteste war neunzehn, als das Baby geboren wurde, und unsere Familie sah wundervoll aus, wenn wir hereintraten, wir acht. Am Weihnachtsabend«, fuhr er fort, »das war vielleicht eine

Szene. Das schien damals alles so wichtig, und jetzt ist es gerade so, als sei es nie gewesen. Ich habe auch fünfunddreißig Jahre lang bei der Post gearbeitet, bevor ich in den Ruhestand ging und mit dem Taxifahren begonnen habe, und jetzt ist es, als habe es auch die Post nie gegeben!«

Das *Diamant-Sutra* scheint so sprachgewaltig, wenn es sagt, wir sollten uns dieses »vergängliche Leben« vorstellen als »eine Luftblase, die im Strom aufsteigt, eine Sternschnuppe, ein Trugbild und einen Traum«. Meine Schüler haben jedoch manchmal Probleme mit Konzepten wie Leere oder Unwirklichkeit. Alles *scheint* wirklich, wichtig und stofflich im gegenwärtigen Augenblick. Vielleicht ist es ja die poetische Sprache des Sutras oder seine abstrakten Bilder, die verwirrend sind. Wenn wir unsere eigenen Lebenserfahrungen überdenken, wissen wir, daß es recht hat.

Annica: Vergänglichkeit

Anicca ist die Wahrheit der Vergänglichkeit, der fortdauernd sich verändernden Natur aller Erfahrungen. Natürlich wissen wir alle, daß sich die Dinge verändern, daß nichts Bestand hat. Ich kenne niemanden, der gern zum Zahnarzt geht, aber jeder geht hin, mehr oder weniger entspannt, selbst zu schwierigen Behandlungen. Es würde überhaupt keiner hingehen, wenn die Termine zeitlich unbegrenzt wären, ohne Aussicht darauf, wann oder sogar daß wir überhaupt wieder herauskämen. Wir erinnern uns, daß die Dinge sich verändern, wenn wir zum Zahnarzt gehen, aber wenn wir verwirrt sind, vergessen wir es. Kummer bringt uns durcheinander, und Verlust und Trauer erschrecken uns. Wenn es uns gelingt, wenigstens in einem kleinen Teil unseres Geistes uns das Wissen um die zeitliche Begrenztheit allen Erlebens zu bewahren, können wir komplexe, sogar schwierige Phasen gelassener bewältigen.

Auch das wird vorübergehen

Mein viertes Kind wurde geboren, als mein erstes fünf Jahre alt war. Ich war sehr glücklich über meine Situation *und* sie war überwältigend. Ich malte ein Bibelzitat auf einen Balken in meiner Küche: »Auch das wird vorübergehen.« Und so war es. Heute denke ich an jene Tage mit großer Liebe zurück. Wenn mir klar wird, wie schnell sie vergingen und wie schnell alles in meinem Leben verging, habe ich das Gefühl, daß ich morgen aufwachen und entdecken werde, daß ich achtzig Jahre alt bin. Als meine Schwiegermutter alt war, pflegte sie zu seufzen und zu sagen: »Einmal umdrehen, und alles ist vorbei!« Früher dachte ich, das sei nur ihre persönliche Lebenserfahrung. Heute denke ich, daß sie recht hatte.

Nichts bleibt auf Dauer angenehm

Das Haus, in dem ich wohne, ist hundert Jahre alt. Als wir dort einzogen, gab es ein Geländer entlang den drei Treppenabsätzen, die von der Einfahrt zur Haustür führten. Die früheren Besitzer, ältere Leute, zogen in ein bequemeres Haus, und da der Handlauf unansehnlich war und wir jung und kräftig waren, montierten wir ihn ab.

Vor kurzem haben wir das Geländer wieder angebracht. Wir selbst brauchen es noch nicht, aber einige unserer Freunde. Das Erstaunliche daran ist, daß es uns vorkommt, als hätten wir es erst gestern abmontiert. Würde ich eine sentimentale Geschichte über die Wahrheit der Unbeständigkeit spinnen wie »Mein Leben zieht an mir vorbei«, würde ich vielleicht ganz melancholisch. Ein bißchen Sentimentalität, um den gegenwärtigen Augenblick voll auszukosten, mag hilfreich sein. Gefühlsduselei allein, verharrend im Gedenken an das, was *hätte sein können*, macht trübsinnig.

Phyllis gehört zu den Menschen, von denen ich weiß, daß sie dieses Geländer brauchen. Als ich sie vor zehn Jahren das erste Mal traf, konnte sie die drei Treppenabsätze zu unserem Haus noch leicht bewältigen. Nun ist ihr Körper hinfällig geworden, und sie braucht einen speziellen Stuhl, wenn sie ohne Beschwerden sitzen will. Letzte Woche rückte ich das Kissen in ihrem Rücken zurecht und fragte: »Ist es besser so?«

»Ja«, erwiderte sie nachdenklich, »aber nichts bleibt auf Dauer angenehm.«

Duhkha: das Unbefriedigende

Es sieht ein bißchen nach schlechten Manieren aus, wenn man sagt: »Das Leben ist unzulänglich, nicht befriedigend« – als wenn wir uns über etwas beschwerten. In der dritten Klasse bekam ich ein »nicht befriedigend« in »Zusammenarbeit und Spiel mit den anderen«, und noch heute erinnere ich mich voller Ärger daran. Wahrscheinlich bekam ich diese schlechte Note, weil die anderen besser miteinander arbeiteten und spielten. Aber wie kann das Leben »nicht befriedigend« sein? Verglichen *womit?*

Das zweite Kennzeichen von Erfahrung, das Buddha lehrte, das der grundlegenden Unzulänglichkeit, entwickelt sich aus dem Gewahrsein der Unbeständigkeit. Es sollte befreiend sein. Wenn wir das mit der zeitlichen Begrenztheit begriffen haben, sollten wir auch begreifen, daß das Anhaften an irgend etwas – abgesehen von seiner Schmerzhaftigkeit – absolut sinnlos ist.

Auch nicht bei einer einzigen Sache können wir damit rechnen, daß sie bleibt, wie sie ist. Ich hielt einmal einen einwöchigen Kurs speziell für Meditationsanfänger. Viele Meditationsübungen, eingeschlossen die Übung der Achtsamkeit, die ich lehre, beginnen damit, daß ich die Leute auffordere, mit ihrer Aufmerksamkeit bei der Erfahrung des Atmens zu verweilen. Denn jeder atmet, und der Atem ist sehr einfach und leicht zugänglich. Mit der Aufmerksamkeit bei der Erfahrung des Atmens zu verweilen ist im allgemeinen beruhigend und entwickelt die Fähigkeit, sich wirklich zu zentrieren.

Ich formuliere die Meditationsanweisungen auf eine Art und Weise, von der ich hoffe, daß sie die Aufmerksamkeit der Leute auf die Erfahrung des ständigen Wandels lenken wird. Ich tue dies ganz bewußt, denn ich hoffe, mit meinen Unterweisungen die Leute nicht nur zu lehren, ruhig zu werden, sondern auch, daß sie Weisheit entwickeln, daß sie selbst die große befreiende Wahrheit erfahren, die Buddha gelehrt hat. Ich sage Dinge wie: »Wenn du die Aufmerksamkeit in der Erfahrung des Atems ruhen läßt, achte besonders darauf, wie er aufsteigt und wieder geht. Alles was aufsteigt, verschwindet wieder.«

Die Tage des Kurses vergingen, und ich gab weiterhin Anweisungen auf eine Weise, von der ich hoffte, daß sie das Gewahrsein der Leute auf die Erfahrung der zeitlichen Begrenztheit lenkte. »Achte beim Gehen darauf, wie jeder Schritt aufsteigt und vergeht. Wenn du deine Mittagsmahlzeit ißt, achte darauf, wie der Appetit, den du zu Beginn der Mahlzeit empfindest, vergeht, während du ißt.« Schließlich unterbrach eines Nachmittags einer der Schüler wie in Verzweiflung die Anweisungen: »Warum sagst du das immer wieder?« platzte er heraus. »Ich kann es nicht ertragen, wenn du das sagst.«

»Ich sage es«, erwiderte ich, »weil es wahr ist.«

Ich verstehe seinen Schrecken. Auch ich litt eine ziemlich lange Zeit darunter. Es gab eine Phase in meiner eigenen Meditationspraxis, da das Vergehen der Erscheinungen das *einzige* war, dessen ich mir bewußt war. Das ganze Leben schien wie eine schmerzhafte, unbedeutende Übung auf dem Weg zum Tode zu sein. Ich hatte eines Tages ein Gespräch mit meinem Meditationslehrer, und ich beschrieb ihm, wie unglaublich leer und sinnlos alles schien.

»Sylvia, achte sehr darauf«, sagte er, »daß diese Einsicht in das Unzulängliche keine Abneigung gegen die Erfahrung des Lebens hervorruft.«

»Vielen Dank«, erwiderte ich mit der Höflichkeit, die man einem geachteten Lehrer entgegenbringt, von dem man annimmt, er weiß, wovon er redet, und beendete das Gespräch. Als ich die Tür hinter mir schloß, dachte ich: »Wie?«

Nicht lange danach, immer noch gefangen in meiner »Alles ist sinnlos, weil es unbefriedigend ist«-Haltung, fuhr ich mit meinem Mann in Urlaub – nach Hawaii. Was für eine merkwürdige Zeit! Hawaii gilt als wunderschön und romantisch. Wir saßen immer in einem Strandrestaurant im Freien und beobachteten den Sonnenuntergang. Um uns herum hielten sich Pärchen an den Händen, freuten sich über den Sonnenuntergang, sagten einander zweifellos romantische Dinge, während ich ausgiebig weinte! »Schon wieder ist ein Tag vorbei! Alles vergeht! Es ist alles so leer und sinnlos!« Ich vermute, ich war nicht gerade eine erheiternde Partnerin in jenem Urlaub.

Es gibt noch einen anderen Weg, das Unbefriedigende zu verstehen, ohne daß alles sinnlos wird. Wenn man sich über die Zerbrechlichkeit, die zeitliche Begrenztheit, die Tatsache, daß mit Sicherheit jeder den anderen früher oder später verlieren wird, klar ist, dann folgt daraus eindeutig die Pflicht, immer vollkommen gütig und liebevoll zueinander zu sein. Die Menschen sagen manchmal über eine Person, die lebensgefährlich erkrankt ist: »Ihre Tage sind gezählt.« *Alle* unsere Tage sind gezählt. Keiner weiß, wie viele uns noch bleiben. Wir haben buchstäblich keinen Augenblick zu verlieren.

Auch wenn alles sinnlos ist:
Pilze sind wichtig

Das Leben meiner Freundin Alta war mir eine Lehre, und das war auch ihr Tod. Sie erfreute sich neunundsiebzig Jahre lang guter Gesundheit, dann wurde sie ganz plötzlich schwer krank, und es war klar, daß sie bald sterben würde. Diese Erkenntnis akzeptierte sie mit der ihr eigenen vollkommenen Gelassenheit – die eine Hälfte dessen, was sie mich lehrte.

Die andere Hälfte ging darum, was Sinn macht. Am letzten Tag, als Alta noch mit mir sprechen konnte, zwei Tage vor ihrem Tod, sprachen wir über den Sinn.

»Ich denke über den Sinn von allem nach«, sagte sie, »und es scheint nicht sehr wichtig zu sein. Was meinst du?«

»Vielleicht ist es viel Lärm um nichts«, antwortete ich.

»Sieht so aus«, erwiderte sie und fügte hinzu: »Du hast eine gute Grabrede auf deinen Vater gehalten.«

»Ich werde auch für dich eine halten.«

»Ich möchte dir keine Mühe machen . . .«

»Rede keinen Unsinn, Alta! Was soll ich sagen?«

»Das ist egal. Sag das, was du möchtest.«

»Soll ich vielleicht dein Rezept für die phantastischen marinierten Champignons, die du immer machst, darin weitergeben?«

»Das ist eine gute Idee. Sie waren wirklich gut. Die Leute mochten sie sehr gern.«

»Fällt dir das Rezept ein? Dann könntest du es mir gleich geben.«

»Nicht genau. Lies es bitte nach. Du findest es in meinem Rezeptkästchen. Vergiß nicht zu erwähnen, daß sie nicht länger als vier Stunden ziehen sollten, bevor man sie ißt. Die Champignons werden sonst labberig.«

Champignons sind genauso wichtig wie alles andere.

Anatta: Leere

Die dritte der befreienden Wahrheiten, die Buddha lehrte, ist eine weitere Entwicklung vom Gesetz des Wandels. Da alles sich vollziehender Wandel ist, gibt es keinen, der den Wandel *besitzt,* und *keinen, dem* der Wandel geschieht ... Wir sind Tätigkeitswörter, keine Hauptwörter, Erfahrungen, die sich entwickeln, Geschichten, die sich selbst erzählen als Fortsetzungen anderer Geschichten, die schon erzählt sind. Rocky II. Sylvia III. Der Sohn von Flicka. Geschichten, die sich auf spezielle andere Geschichten beziehen (»geprägt« sind von ihnen, wie Buddha gesagt hätte), aber in ihrem Wesen mit *allen* Geschichten verbunden sind, völlig leer von allem Abgegrenzten oder Einzigartigen oder Dauerhaften.

Kosmische Sicht / Lokale Sicht

Ich erinnere mich, irgendwo gelesen zu haben, daß den Astronauten, die den Mond betreten haben, oder vielleicht *allen* Astronauten, die weit genug im All waren, um die Erde als Ganzes zu sehen, eine bestimmte Erfahrung gemeinsam war. Sie empfanden ehrfürchtiges Staunen angesichts der Bandbreite der Geschichten, die sich auf der Erde zutrugen, ohne eine Einteilung nach guter oder schlechter Geschichte, wie wir sie sofort vornehmen, je näher wir unserem Zuhause kommen. Ich kenne von mir eine ähnliche Reaktion, wenn ich auf der Erde reise und meiner Familie fern bin. Die Tatsache, daß es sie überhaupt gibt, scheint viel bemerkenswerter als alle Bestürzung oder Freude, die ich über sie empfinde, wenn sie in der Nähe ist. Spirituelle Übung entwickelt die Fähigkeit, im Geist diesen Blick aus der Entfernung zu bewahren, selbst wenn wir ganz nahe und persönlich betroffen sind.

Mein Lieblingsfoto ist die aufgehende Erde, vom Mond aus gesehen. Sie ist einfach vollkommen. Ein großer blauer und grüner Ball schwebt in einem unendlichen schwarzen Raum, hängt einfach da in seiner Umlaufbahn. Aus diesem Blickwinkel ist das Geschehen auf der Erde ehrfurchtgebietend. Geschöpfe werden geboren, andere sterben; Schnee fällt; Winde blasen, Vulkane brechen aus, Erdbeben erzittern, Menschen unterhalten sich, Musik spielt. Vom Mond aus gesehen ist es ein unglaubliches kosmisches Schauspiel. In unserer üblichen Sichtweise, innerhalb dieses Schauspiels, mit dem Blick auf den Mond, ist es eine völlig andere Geschichte. Es verwandelt sich von *dem* Schauspiel zu *meinem* Schauspiel und wird zu einem Problem. Wenn man weit genug entfernt ist, ist es nicht mehr deine Geschichte – sondern eine von fünfeinhalb Milliarden Geschichten.

Es ist eine große Herausforderung, sich dieser beiden Sichtweisen gleichzeitig bewußt zu sein. Mein Freund Zalman stellte vor zwanzig Jahren einem Kurs, an dem ich auch teilnahm, ein Szenario vor, das ich seitdem Dutzende Male in meinen Kursen verwendet habe. Es beschreibt die prekäre Spannung, die sich daraus ergibt, beide Sichtweisen gleichzeitig anzuwenden. Er forderte uns auf, uns vorzustellen, wir wären im Kino und Alfred Hitchcocks *Psycho* habe gerade begonnen. In der ersten Szene wird Janet Leigh in der Dusche erstochen. Wir regen uns so auf, daß wir aufstehen und hinausgehen wollen, aber ein Freund hält uns zurück mit den Worten: »Bleib! Es ist doch nur ein Film!« Dann sollten wir uns ausmalen, daß wir uns wieder hinsetzen und anfangen, der Story zu folgen, und derselbe Freund tippt uns alle zwei Minuten auf den Arm und sagt: »Vergiß nicht, es ist nur ein Film!« Mit der Zeit ärgert uns das so, daß wir ihn anherrschen: »Laß mich endlich in Ruhe! Ich möchte den Film genießen!«

Zu wissen, daß das Leben wie ein Film ist, in dem jedem von uns eine bestimmte Rolle zugewiesen wurde, bedeutet nicht, daß wir damit sorglos oder gleichgültig umgehen können. Wirklich gute Schauspieler versetzen sich in die Rollen, die sie spielen, und werden durch Kritiken belohnt, in denen gelobt wird, daß ihre Darstellung lebensecht war. Ich möchte mich ganz in mein Leben versetzen, meine Rolle spielen, als sei sie real, und sie gelassen loslassen, wenn sie beendet ist. Um das zu tun, muß ich die kosmische Perspektive beibehalten.

Als mein Vater starb, blieb ich die letzten Tage an seinem Bett. Die letzten Tage seines Lebens lag er meist im Koma, aus dem er jedoch von Zeit zu Zeit erwachte. Wir wußten, daß er im Sterben lag, und wir machten ihm den Weg zum letzten Atemzug so angenehm, wie wir nur konnten. Manchmal schien es zu Ende zu gehen: Sein Körper zitterte, und sein Atem stoppte, als würde er sterben. Ich hielt dann seine Hand und sagte meinen vorbereiteten Satz: »Gehe zum Licht!« Und: »Nun hast du die Gelegenheit, diesen Körper zu verlassen.« Ich bin froh, daß ich das tat, denn dies sind die passenden Worte gegenüber einem Sterbenden. (»Du hast dein Leben gut gemeistert.« – »Alle lieben dich.« – »Es ist Zeit für dich, weiterzugehen.« – »Du brauchst diesen alten Körper nicht mehr.«) Jedesmal, wenn er nach Atem rang, sagte ich ihm erneut diese Sätze. Dann entspannte er sich und schlief ein, und ich wartete weiter. Kurz vor dem Ende kam es noch einmal zu einem akuten Anfall von Atemnot, und ich sprang auf und begann erneut meine Rede von »Geh zum Licht«. Er öffnete seine Augen, schaute mich an und sagte ganz deutlich: »Weißt du, es ist gar keine so große Sache.«

Der Nähmaschinenmechaniker:
Vergiß deine Geschichte

Die Einsicht in *anatta*, das Gewahrsein, daß keiner die Geschichte besitzt, scheint ungeheuer schwer faßbar. Wenn wir sagen: »Ich bin so traurig«, dann kommt uns das vor, als sei jemand in uns, dem diese Traurigkeit gehört. Ich traf mal jemanden, der dieses Märchen durchschaute und davon befreit war.

Meine Nähmaschine mußte repariert werden, und da ich gerade in eine andere Stadt gezogen war, fand ich den ansässigen Händler im Branchenverzeichnis. Als ich dort vorfuhr, bemerkte ich ein Schild im Fenster mit der Aufschrift: »Das Geschäft geht gut. Die Leute sind prima. Das Leben ist wunderbar!« Das war ein ungewöhnliches Schild für ein Nähmaschinengeschäft. Es war ein ungewöhnliches Schild für jedes Geschäft.

Als ich eintrat, stellte ich fest, daß Wände und Ladentheke mit ähnlichen aufmunternden Sprüchen dekoriert waren, die Sorte, die man in Katalogen für Schlüsselanhänger findet: »Wenn das Leben dir Zitronen beschert, mach Limonade daraus!« »Diesen Tag hast du dir verdient. Was du daraus machst, liegt bei dir.« Der Eigentümer des Ladens nahm meine Anwesenheit zur Kenntnis, wandte seine Aufmerksamkeit aber nicht von seinem Kunden ab. Er zeigte keinesfalls Hast und Eile, und ich auch nicht.

Als ich an der Reihe war, bemühte er sich sehr darum, mein Problem zu lösen. Als wir das mit meiner Nähmaschine geregelt hatten, wagte ich eine persönliche, typische

Psychologenbemerkung: »Sie scheinen mir ein sehr positiver Mensch zu sein«, meinte ich, »Ihre Mutter war sicher eine fröhliche Frau?«

»Nein«, antwortete er, »meine Mutter war Alkoholikerin und schwer depressiv.«

»Vermutlich«, fuhr ich fort, »war dann Ihr Vater Ihr Vorbild?«

»Nein. Mein Vater hatte immer wieder Wutanfälle, und er schlug mich ziemlich häufig.«

»Dann ist es wirklich ein Wunder«, rief ich aus, »daß Sie sich so gut entwickelt haben!«

»Ich habe mich überhaupt nicht gut entwickelt! Ich war eine einzige Katastrophe!« Er grinste schuldbewußt. »In der Schule kam ich gar nicht zurecht. Ich habe nie wirklich gelernt zu lesen. Die High School habe ich nur absolviert, weil ich immer älter wurde und sie mich deshalb weiter versetzt haben.«

Es schien ihm nichts auszumachen, mir seine Geschichte zu erzählen, und ich fuhr fort, ihm Fragen zu stellen. Seine Situation widersprach herkömmlicher Lebensweisheit.

»Nach der High School wurde es noch schlimmer. Ich nahm Drogen. Ich geriet in Schwierigkeiten. Schließlich, als ich nicht mehr wußte, was ich machen sollte, ging ich zu den Marines. Am ersten Tag gaben sie uns Uniformen und verpaßten uns einen Haarschnitt. Dabei wurden sechs Leuten gleichzeitig die Haare geschnitten. Sie setzten uns mit dem Gesicht zur rückwärtigen Wand und schnitten jedem die Haare. Dann drehten sie alle sechs wieder nach vorn zum Spiegel. Für eine Minute ergriff mich Angst. Ich konnte mich nicht wiederfinden! Es gab im Spiegel keinen, dessen Geschichte ich kannte!«

Er absolvierte seine Zeit bei den Marines, lernte dort genug über Maschinen, um sich dann im Zivilleben als Nähmaschinenmechaniker ausbilden zu lassen, heiratete, gründete eine Familie und führte ein kleines, blühendes Geschäft. Lachend erzählte er mir, er habe immer noch nicht mehr als ein einziges Buch in seinem Leben gelesen. Dennoch schienen die Leute in sein Geschäft zu strömen. Zum Teil, vermutlich, weil er bei der Reparatur von Nähmaschinen sehr geschickt war, aber ich denke, ein Hauptgrund war, daß sie seine Ausstrahlung mochten. Ich glaube nicht, daß jeder, der in seinen Laden kommt, so viele Fragen stellt wie ich. Ich glaube, sie spüren einfach, daß er ein besonderes Wissen besitzt.

Die göttlichen Wohnstätten

In den traditionellen buddhistischen Schriften werden liebevolle Güte, Mitgefühl, anteilnehmende Freude und Gleichmut die »göttlichen Wohnstätten« genannt. Das innere Wesen des Geistes, unbelastet von Verwirrung, ist letztlich weiträumig. Es ist von Natur aus gleichmütig, umfaßt alle Dinge und hält sie in einem behaglichen Gleichgewicht.

Auf der Grundlage dieses Gleichmuts entstehen spontane Bewegungen des Geistes als Antwort auf verschiedene Ereignisse. Liebevolle Güte ist die spontane Reaktion auf alle Lebewesen, und Mitgefühl entwickelt sich als Antwort auf Schmerz. Anteilnehmende Freude entfaltet sich, wenn man die Freude anderer Menschen über ihr glückliches Schicksal teilt, sobald wir sie wahrnehmen. Alle diese drei Bewegungen des Herzens und des Geistes (die liebevolle Güte, das Mitgefühl und die anteilnehmende Freude) sind die verschiedenen Spiegelungen des zugrundeliegenden Gleichmuts.

Gleichmut ist nicht leer; Gleichmut enthält alles.

Liebevolle Güte

Liebevolle Güte, im Deutschen ein eher merkwürdiger Ausdruck, ist die Übersetzung des Pali-Wortes *metta*, das vollkommene und unbegrenzte Freundlichkeit bedeutet. Buddha lehrte, wenn der Geist sich wohlfühlt, ist er freundlich, angenehm, wohlmeinend. Der sich wohlfühlende Geist mag so gut wie jeden. Selbst Menschen gegenüber, bei denen es – aus den verschiedensten Gründen – schwerfällt, sie zu mögen, empfindet der sich wohlfühlende Geist Mitgefühl.

Die Menschen haben besondere Praktiken, um unbegrenzte Freundlichkeit zu entwickeln. Einige davon sind Meditationsübungen. Andere sind alltägliche Gewohnheiten wie den Angestellten im Supermarkt zulächeln, Leuten helfen, ihre Pakete zu tragen, die Aufzugtür aufhalten, wenn noch jemand schnell hereinspringen will. Auf den ersten Blick sieht es so aus, als sei die Praxis von *metta*, der Freundlichkeitsübung, zum Nutzen anderer Menschen. Aber sie nützt uns selbst ebenso.

Freundlichkeit ist nicht schwierig. Wir müssen sie nicht erst *erlernen*. Wir müssen uns nur daran *erinnern*, freundlich zu sein. Kinder sind freundlich, wenn man sie nicht in Furcht versetzt. Junge Hunde sind freundlich. Mein Freund Bob entdeckte, daß die Pinguine auf den Galapagosinseln freundlich sind, weil sie sich nicht bedroht fühlen.

»Auf welche Weise fühle ich mich bedroht?« ist die Frage, die ich mir stelle, wenn ich einem anderen gegenüber unfreundliche Gefühle hege. Dabei finde ich immer etwas.

Als ich das erstemal damit begann, bewußt *metta* zu üben, und meine Meditationszeiten nutzte, um allen Menschen, die ich kannte, gute Wünsche und Hoffnungen zu schicken, war ich erstaunt, welch eine lange Liste von Verstimmungen sich in meinem Herzen verborgen hatte. Nichts besonders Ernstes – eine geringfügige Kränkung hier, ein milder Tadel da, kleine Impulse auf meinem Radarschirm, die mich dazu gebracht haben, diese Individuen sorgfältig und heimlich abzulegen unter »Menschen, die ich nicht besonders mag«. Wie der Oberste Henker in *Mikado* hatte ich eine »kleine Liste« von Menschen, auf die ich verzichten konnte.

Es war nicht so, als hätte ich bewußt diese Liste des Unmuts geführt. Im Gegenteil, ich war äußerst überrascht angesichts dieser Erinnerungen und bestürzt über die Wirkung, die sie auf mich hatten, noch nach so vielen Jahren. Das kratzte auch an meinem Selbstverständnis. Ich gefiel mir in der Vorstellung, ich sei eine wunderbar tolerante Person, und als sich das als unwahr herausstellte, war ich enttäuscht.

Und weil ich enttäuscht war und weil ich keine geheimen Verärgerungslisten mit mir herumtragen wollte, begann ich ernsthaft damit, Freundlichkeit gegenüber den Menschen, die mich beleidigt hatten, zu üben – direkt und in Gedanken.

Schon bald begann sich meine Unmutsliste zu verändern. Jene, die mich beleidigt hatten, stellten keine Bedrohung mehr für mich dar. Eine Weile erinnerte ich mich noch, wer auf dieser Liste war, aber die Kraft dieser Liste war verschwunden. Heute kann ich mich kaum noch an die Namen erinnern.

Nett ist ein weiteres seltsames Wort, aber es gehört zu *freundlich*. Ich habe mit meiner spirituellen Übung nicht deshalb angefangen, um ein netterer Mensch zu werden; denn ich dachte, ich sei schon ein netter Mensch. Ich wollte weniger Angst haben. Dennoch wurde ich netter *und* hatte weniger Angst.

Mein Schwiegervater und Großtante Sarah

Im allgemeinen ist es sehr leicht, liebevolle Güte oder Wohlwollen Leuten entgegenzubringen, die wir mögen. Versucht man aber, dieses Wohlwollen auch Menschen auf der individuellen Unmutsliste zukommen zu lassen, dann fällt einem das sehr schwer. Es wird möglich, wenn du dir mindestens eine positive Seite eines jeden auf der Liste ins Gedächtnis zu rufen versuchst, die geeignet ist, dein Herz zu öffnen. Der Schlüssel ist Versöhnlichkeit. Alles andere ist schmerzhaft.

An meinem neunzehnten Geburtstag, einen Monat, nachdem ich geheiratet hatte, starb meine Großtante Sarah im Bellevue Hospital nach langer, verzehrender Krankheit. Mein Vater, außer mir ihr einziger Verwandter, war im Ausland, und so fiel mir die Aufgabe zu, das Begräbnis zu arrangieren. Die Leute, die mich als ihre nächste Verwandte anriefen, versicherten mir, es gäbe keine Probleme, denn Tante Sarah sei Mitglied in einer Sterbeversicherung gewesen, und ich müßte nur am nächsten Tag in der Leichenhalle erscheinen. Ich erschrak zu Tode, ich hatte keinerlei Erfahrung mit Beerdigungen, und mein Schwiegervater sagte: »Ich begleite dich.«

Die Leichenhalle war düster, und mir war unheimlich. Ich war die einzige Frau dort. Ich sah Gruppen von Männern, keine Verwandten, die offensichtlich dort herumhingen, damit ein *Minjan* zustande kam, die vorgeschriebenen zehn Männer für die Gebete. Zwei alte Frauen traten aus einem Hinterzimmer und verließen das Gebäude. Der Direktor des Beerdigungsinstituts kam auf mich zu und sagte: »Das waren die Frauen, die die Tote für die Beerdigung zurechtgemacht haben. Nun muß eine weibliche Angehörige der Familie die Leiche begutachten.« Ich bin wohl leichenblaß geworden. Mein Schwiegervater sagte: »*Ich* werde die Tote ansehen.«

Harry Boorstein lebte noch fünfzehn Jahre, und im allgemeinen ist meine Erinnerung an ihn von vagem, unspezifischem Wohlwollen, aber wenn ich an diesen Moment in der Leichenhalle denke, ergreift mich große Dankbarkeit, und mein Herz öffnet sich weit. Wenn mir eine unpassende Bemerkung in den Sinn kommt, die er mir gegenüber gemacht hat, oder irgendeine Gedankenlosigkeit, die er vielleicht begangen hat, dann muß ich mir nur die Szene in der Leichenhalle ins Gedächtnis rufen – »*Ich* werde die Tote ansehen!« –, und ich bin voller Liebe für ihn. Ich hüte diesen Augenblick wie einen Schatz, denn es ist mein magischer Schlüssel, ihn immer zu lieben, und wenn ich liebe, bin ich glücklich.

Jeden auf der Welt zu lieben
ist der leichteste Weg

Eine halbe Stunde, nachdem wir vom Flughafen in Chicago abgehoben hatten, sagte der Pilot: »Kein Grund zur Sorge, Leute, aber eines unserer hydraulischen Systeme funktioniert nicht mehr. Deshalb werden wir lieber nach Chicago zurückfliegen und es reparieren lassen, als die Rockies so zu überqueren.« Und während er sprach, zog er die Maschine in einer großen Schleife herum. »Es wird etwa dreißig Minuten dauern, also können Sie sich noch entspannt zurücklehnen.«

»Entspannt zurücklehnen?!« Ich hatte gerade das neue Buch meines Freundes Joseph über Achtsamkeitsmeditation gelesen, als ich diese Ankündigung hörte. Achtsamkeit ist das klare Verstehen der augenblicklichen Erfahrung, und mein klares Verstehen war, daß ich *alarmiert* war. Ich nahm das Buch wieder zur Hand und hoffte, daß es mich ablenken würde. »Wenn sich schwierige Gefühle entwickeln«, schrieb Joseph, »versuche nicht, dich davon abzulenken.« »Okay, Joseph«, sagte ich und schloß das Buch.

Ich überlegte, was ich tun sollte. Mir kam der Gedanke, ich würde vielleicht sterben, und ich konnte nichts dagegen tun. Ich beschloß, Gebete der liebevollen Güte für meine engsten Angehörigen zu sprechen, eines meiner täglichen Rituale. Es läuft nach einem festen Muster ab. »Möge Grace glücklich sein ... Möge Nathan glücklich sein ... Möge Erik glücklich sein ... Möge Leah glücklich sein ... Möge Collin ... Emmy ... Johan ... Peter ... Trish ... Liz ... Michael ... Sarah ... Seymour.« Dreizehn Namen. Ich war damit fertig, und wir flogen immer noch ruhig dahin. Also wiederholte ich die Gebete der Reihe nach. Und ich fing an, mich ruhiger zu fühlen.

Das Flugzeug begann langsam tiefer zu gehen, und obwohl alles ganz normal wirkte, gab man uns die Anweisung, unsere Brillen abzusetzen, die Schuhe auszuziehen und scharfe Gegenstände wie etwa Schreibstifte aus den Taschen zu nehmen. Ich begann darüber nachzudenken, welchen Leuten außer den dreizehn auf meiner Liste ich noch Gesundheit und Glück wünschte, und begann mit einer neuen Liste: »Möge Miriam glücklich sein ... Möge Aaron ... Eugenie ... Henry ...« Mein Geist füllte sich mit den Namen von Leuten, deren Geschichten ich kannte, und ich begann die Namen immer schneller herunterzubeten, um sicherzustellen, daß mir genug Zeit blieb, alle zu nennen.

Durch das Fenster konnte ich sehen, wie der Boden immer näher kam. Die Stewardessen führten die Schutzhaltung vor, bei der man sich nach vorn beugt und sich selbst umfaßt, und wir alle machten sie nach. Ich dachte: »In einer Minute bin ich entweder tot oder ich bin nicht tot. Soll ich noch einmal meine Liste mit den dreizehn Namen durchgehen? Habe ich irgend jemanden vergessen, der mir wichtig ist? Mögen alle Lebewesen glücklich sein! Mögen alle Lebewesen glücklich sein! Mögen alle Lebewesen glücklich sein!«

Wir setzten auf, die Bremsen funktionierten, und das Flugzeug kam zum Stehen. Die Landebahn war gesäumt von Feuerwehr- und Krankenwagen mit zuckenden Lichtern, und wir brauchten sie nicht. Ich habe zwei Dinge dabei gelernt: Es ist leichter, jedermann zu lieben als eine bestimmte Person. Dazu braucht man sich nicht zu erinnern, wer auf der Liste steht oder wer nicht darauf steht oder wer auf der Hauptliste und wer auf der Nebenliste steht. Und man läuft nicht Gefahr, irgend jemanden zu vergessen.

Und ich habe gelernt, daß intensive liebevolle Wünsche für andere die persönliche Furcht bezwingen. Ich hatte mich nicht ablenken lassen. Ich wußte, was vorging, und ich wußte auch, daß ich genau die richtige Formel für diese Situation gefunden hatte. Einige Zeitlang danach dachte ich noch: »Ich möchte andere diese Formel lehren, damit sie sie in den Augenblicken vor ihrem Tod benutzen können.« Später wurde mir klar: »Ich möchte diese Formel lehren, damit sie in *jedem* Augenblick angewendet werden kann. *Alle* unsere Augenblicke sind Augenblicke vor unserem Tod, und jemandem Gutes zu wünschen ist die angstfreieste Weise, sie zu verbringen. Manchmal denke ich, der einzige Satz, den es sich wirklich zu sagen lohnt, ist: »Ich liebe dich.«

Mitgefühl

Mitgefühl ist die natürliche Antwort des Herzens, das sich nicht von der trügerischen Ansicht blenden läßt, daß wir voneinander getrennt sind. Traditionelle Texte beschreiben es als das »Beben des Herzens«, als Reaktion auf die Wahrnehmung des Schmerzes eines anderen. Ich glaube, wir empfinden dabei, daß unser eigenes Gefühlssystem in Einklang mit dem eines anderen schwingt. Dazu ist ein ruhiger Geist notwendig. Beben ist etwas Subtiles.

Einmal checkte ich in Laramie, Wyoming, zu einem Frühflug ein, nachdem ich einen dreitägigen, zumeist schweigsamen Workshop für dreißig Leute geleitet hatte. Ich hatte mich sehr angestrengt, gegenüber den Erfahrungen jedes einzelnen aufmerksam zu bleiben, und ich fühlte mich entspannt und zufrieden, denn ich dachte, ich hätte gute Arbeit geleistet.

Ein älteres Paar nahm neben mir Platz, und sobald wir in der Luft waren, servierte die Stewardess das Frühstück. »Wir haben koscheres Frühstück bestellt«, informierte der alte Mann die Stewardess.

»Ich werde nachsehen«, antwortete sie, und als sie zurückkehrte, entschuldigte sie sich mehrmals. »Offensichtlich hat man vergessen, Ihr Essen an Bord zu nehmen. Kann ich Ihnen vielleicht das normale Frühstück bringen, und Sie sehen es sich an, ob Sie vielleicht irgend etwas davon essen können?« bot sie an.

»Nein, tut mir leid«, sagte der Mann. »Das geht nicht.«

Ich begann zu weinen, und das überraschte mich. Die Situation war nicht kritisch, und es war nur ein kurzer Flug. Vielleicht hat es mich besonders berührt, daß mich das Paar an meine Großeltern erinnerte, und ich verstand ihr Dilemma. Aus der Sicht eines Außenseiters war ihre Situation merkwürdig, absonderlich. Aus ihrer Sicht war es eine unabänderliche Enttäuschung. Weil mein Geist ruhig war, konnte ich ihren Schmerz fühlen.

Jeder Schmerz ist ein wichtiger Schmerz für den, der ihn fühlt. Als ich klein war, sagten die Leute manchmal zu den Kindern, die ihre Mahlzeit nicht essen wollten: »Denk an die hungernden Kinder in . . .« Ich bin dankbar, daß keiner dies zu mir gesagt hat. Ich war von Natur aus ein nervöser Esser, und hätte man zu meinem schon unbehaglichen Zustand noch Schuldgefühle hinzugefügt, hätte dies meine Qual nur verstärkt. Die Menschen, die eine solche Bemerkung machten, haben wohl vergessen, daß es zwar schmerzhaft ist, Hunger zu haben, daß es aber auch schmerzhaft ist, essen zu müssen, wenn es einem widersteht. Schmerz ist Schmerz. Ihm eine unterschiedliche Gewichtung zu geben, ist überflüssig.

Wir gewichten Schmerz, indem wir ihn entsprechend unserem Wertesystem betrachten, das schließlich nur aus Meinungen besteht. »Dies ist wichtiger Schmerz« oder »Dies ist unwichtiger Schmerz«. Wenn ich mich vom Schmerz distanziere, dann deshalb, weil ich ein Urteil gefällt habe. Vielleicht glaube ich, daß die Situation dieses Menschen so schrecklich ist, daß sie unerträglich sein muß, und ich versuche, mich selbst zu schützen, indem ich diesen Schmerz leugne. So verhielten wir uns im Kino, als wir jung waren, wenn wir bei schreckenerregenden Szenen unsere Augen schlossen und den Nebenmann baten: »Sag mir Bescheid, wenn dieser schlimme Teil vorbei ist.« Ich mache es im Kino automatisch immer noch so, wenn mir die Szene zu grausam ist.

Manchmal fühle ich mich auch von dem Schmerz eines anderen entfernt, weil mich die Einschätzung dieses Menschen alarmiert. »Wie kannst du dir nur solche Sorgen um *diese* Sache machen?« denke ich dann bei mir. »Du solltest dir lieber Gedanken um diese andere, viel problematischere Sache machen.« Es ist lächerlich, entscheiden zu wollen, *was* einem anderen Sorgen machen sollte. Die Verhaftungen eines jeden sind einzigartig. Es war mir peinlich zuzugeben, welchen Grad von Schmerz ich über Verhaftungen gefühlt habe, von denen ich weiß, daß sie in den Augen anderer Leute nur banal sind. Selbst ohne Kritik von außen bin ich mir ein strenger Richter. »Was bist du doch für eine egoistische Person!« schimpfe ich mich dann. »Die Welt ist in fürchterlichem Zustand, und du quälst dich herum mit diesem Blödsinn?«

Es fällt schwer, Schmerz direkt zu erkennen, weil es so viel davon gibt. Unser allgemeiner Alarm darüber, daß Buddha recht damit hatte, daß Leben leiden bedeutet, veranlaßt uns vielleicht manchmal zu versuchen, den Schmerz soweit wie möglich zu vermindern. »Es *könnte* schlimmer sein«, sagen wohlmeinende Leute zu Freunden, die Kummer haben, in der Hoffnung, daß diese Aussicht Trost spendet. »Wenigstens bist du gesund.« – »Wenigstens bist du beruflich erfolgreich.« »Wenigstens bist du nicht in ... (jedes Land, das sich im Krieg befindet).« Oder gleich ganz hoch gegriffen: »Was bedeutet das schon aus kosmischer Sicht?« Das alles sind erwachsene Variationen von den »hungernden Kindern«. Sie fügen einem vorhandenen Schmerz noch Demütigung hinzu und verschlimmern ihn.

Natürlich *ist* es wahr, daß aus kosmischer Sicht unsere augenblickliche Seelenqual unwichtig ist, belanglos. In dieser Perspektive der kosmischen Sicht ist alles *gleich* belanglos. Das paßt aber nicht zu unserer gefühlsmäßigen Wirklichkeit. Manche Leute und manche Dinge sind in unserem Fühlen besonders wichtig für uns. Auch leben wir nicht in kosmischen Sphären. Wir leben hier.

Das *Erinnern* der kosmischen Sicht, das Erinnern des Aufgehens der Erde vom Mond aus gesehen, das Erinnern der wechselseitigen Verbundenheit aller Lebewesen – alle diese Erinnerungen machen es möglich, Schmerz direkter anzuschauen. Vielleicht ist dies die notwendige Perspektive, um den Schmerz klar zu sehen, um fähig zu sein, ihn zu ertragen. Das Erinnern unserer eigenen besonderen Neigungen, unserer eigenen verwandtschaftlichen Gefühle, unseres eigenen seelischen Leidens in unserer persönlichen Geschichte, die wirklich und wichtig scheint, trägt dazu bei, uns *in* der Welt zu halten und nicht *aus* ihr herauszugehen, uns tief um andere zu sorgen und gütig zu handeln.

Großzügigkeit als natürlicher Wesenszug

Großzügigkeit, die völlig selbstverständlich ausgeübt wird, wirft mich um. Sie ist das konkreteste Beispiel für Buddhas Gedanken des »ungetrennten Selbst«. Natürlich sind unsere Körper, im physischen Sinn, von anderen Körpern getrennt und betreten und verlassen diese Welt zu unterschiedlichen Zeiten und Orten. Aber das Wesen des Bewußtseins, das alle diese Körper mit Leben erfüllt, ist *eines*. Mit diesem Gewahrsein verschwindet die Furcht, und das Teilen wird zu einem vollkommen natürlichen Akt.

Eine Frau, die viel jünger war als ich, zog sich neben mir im Umkleideraum der Turnhalle an. Wir sprachen über die Vorteile regelmäßigen Körpertrainings, um fit und schlank zu bleiben, und sie fügte hinzu: »Ich bin erst vor ein paar Monaten operiert worden, und die Ärzte sind ganz überrascht, wie schnell ich wieder zu Kräften gekommen bin.«

»Was für eine Operation hatten Sie denn?« fragte ich.

»Ich habe meiner Schwester eine Niere gespendet. Sie ist Diabetikerin, und sie brauchte sie dringend.«

Sie sagte es mit dem gleichen nüchternen Tonfall, mit dem man vielleicht gesagt hätte: »Ich hatte ein Zweitfahrrad, das ich nicht benutzte ...« Es kam völlig selbstverständlich. Es war einfach das, was getan werden mußte.

Seit vielen Jahren denke ich über eine spezielle Buddha-Geschichte nach. In einer seiner vorhergehenden Verkörperungen ging er allein am Rand einer Klippe entlang und hörte Schreie, die von unten kamen. Als er über die Kante schaute, sah er junge Tiger, die hungerten, und ein Muttertier, das zu schwach war, um Nahrung für sie herbeizuschaffen. Der zukünftige Buddha sprang augenblicklich in den Tod, damit die Jungen zu fressen hatten.

Diese Geschichte wurde erzählt als eine Geschichte über Großzügigkeit. Sie beunruhigte mich, denn ich konnte mir diese Art spontaner Selbstlosigkeit nicht vorstellen.

Heute kann ich das. Ich habe fünf Enkel. Wenn es um sie ginge, würde ich bei einer solchen Entscheidung nicht eine Minute zögern. Ich bin nicht einmal besonders stolz darauf, denn es ist keine große Sache. Es wäre mir einfach *unmöglich*, es nicht zu tun. Eine große Sache wäre für mich eher der nächste Schritt: mich zu erinnern, daß die Enkel von jedermann auch meine Enkel sind. Jedermanns Enkel sind *jedermanns* Enkel.

Um das zu begreifen, muß man weder Kinder noch Enkel haben. Es ist die Wahrheit des ungetrennten Selbst, und sie zeigt sich, wenn die Aufmerksamkeit darauf gerichtet wird. So etwas sehe ich geschehen, wenn eine Katastrophe passiert. Ein Flugzeug stürzt in den Potomac, und Vorbeigehende springen in das eisige Wasser, nur weil dort Menschen Hilfe brauchen – keine Menschen, die sie kennen, nur Menschen in Not. Im World Trade Center bricht ein Feuer aus, und Leute tragen einen Kollegen im Rollstuhl 67 Stockwerke hinunter, wobei sie selbst ein großes Risiko eingehen. Keiner denkt dabei: »Ich tue jetzt etwas Heldenhaftes.« Oder: »Ich zeige mich jetzt großzügig.« Wenn die Aufmerksamkeit zentriert ist, erkennen wir, daß wir alle ein Teil der anderen sind, und wir geben ihnen unsere Fürsorge. Vielleicht ist Großzügigkeit das richtige Wort, solange wir glauben, daß es Schenkende und Empfangende gibt. Wenn das Teilen ein natürlicher und spontaner Akt wird, dann nennen wir es vielleicht Mitgefühl.

Früher dachte ich, wenn ich damit anfange, alle Lebewesen als meine Verwandten zu sehen, wird das eine große Last für mich sein. Das Gegenteil ist wahr. Wenn jemand, den ich kenne, etwas Bewundernswertes tut, dann habe ich nicht das Gefühl, *ich* müßte das auch tun … Derjenige tut es mir zuliebe oder an meiner Statt, so daß ich von dieser besonderen Aufgabe entbunden bin. Mary und Chodren sind an meiner Stelle Nonnen, Alex unterrichtet an meiner Stelle an abgelegenen Orten, Itzhak Perlman spielt für mich Geige, und auch Joe Montana ist ich. Und das gilt auch für seine Mutter.

Anteilnehmende Freude

Jerry Rice, der San Francisco Wide Receiver, wurde eines Montagabends in der Halbzeit des Footballspiels der Forty-Niners gegen die Samts von Al Michaels interviewt. Sie sprachen über die verschiedenen Ligarekorde, die Rice schon aufgestellt hatte. Al fragte: »Welche Rekorde möchten Sie sonst noch aufstellen, bevor Sie sich ins Privatleben zurückziehen?« Jerry erwiderte lächelnd: »Am liebsten alle.« Dann fragte Al: »Von all den großen Augenblicken Ihrer Karriere, welcher war für Sie der allergrößte?«

»Das war, als wir den 23. Super Bowl gewannen«, erwiderte Jerry. »Es war mein erster Super Bowl, und in den letzten zwei Minuten des Spiels warf Joe Montana einen Paß zu John Taylor, der in der End Zone war. John Taylor fing diesen Paß, aber ich hatte das Gefühl, ich sei es gewesen.«

Das ist anteilnehmende (oder selbstlose) Freude – eine solche Freude am wunderbaren Augenblick, daß der Brennpunkt der Freude unwichtig wird. Die Befriedigung eines jeden wird in gleicher Weise geteilt.

Einmal hörte ich den Dalai Lama lehren, wie sinnvoll es sei, anderer Leute Glück zumindest mit dem eigenen gleichzustellen. Es gibt so viele andere Menschen, erklärte er, daß deine Chancen auf angenehme Gefühle enorm vergrößert werden, wenn du die Freuden der anderen empfindest als wären es deine eigenen. Auf diesem Planeten würden meine Chancen, mich über etwas zu freuen, um 5,5 Milliarden zu eins steigen. Das ist eine phantastische Quote!

Da das Medium der selbstlosen Freude das Vergnügen und nicht der Schmerz ist, klingt es, als sei es leicht, dies zu tun. Aber es ist schwieriger, als es zu sein scheint. Ich denke, daß wir oft beinahe selbstlose Freude fühlen. Etwas Wundervolles geschieht einem anderen. Wir fühlen tiefe Freude. Und dann kriecht in den Geist, der nicht vollkommen zufrieden ist, der Gedanke: »Ich hätte gern ein bißchen von diesem Glück für mich selbst.«

Ich beobachte dieses Geschehen in meinem Geist, wenn ich einen Lotterie-Werbespot sehe, der eine Person zeigt, die ihre Tür öffnet und dann einen Scheck über zehn Millionen Dollar überreicht bekommt. Ich habe einige Augenblicke ungetrübter Freude, wenn ich den erstaunten Gewinnern zusehe, die zugleich lachen und weinen vor Glück. Dann geht mir etwas durch den Sinn wie: »Was würde ich wohl machen, wenn mir das passieren würde?«

»Natürlich«, kommt mir sofort der Gedanke, »würde ich das meiste davon weggeben. Mindestens 75 Prozent oder so. Vielleicht 50 Prozent. Den Rest würde ich dann meinen Kindern geben, damit sie ihre Hypotheken bezahlen können.« Dann fällt mir ein: »Sie haben keine Probleme mit ihren Hypotheken. Ich werde es als Treuhandvermögen anlegen für die Collegeausbildung meiner Enkel.« Doch mir fällt auf: »Es sind doch noch mindestens zehn Jahre, bevor Collin aufs College geht, und wer weiß, was bis dahin aus ihm geworden ist oder wie die Colleges dann sind. Vielleicht könnten Seymour und ich einen dieser dreimonatigen Trips auf einem Frachter rund um die Welt machen. Aber das geht ja gar nicht, er wird ja seekrank!« In wenigen Sekunden wurde aus dem Geist, der von anteilnehmender Freude erfüllt war, ein Geist, der aus dem Nichts heraus überflutet wird von Drehbüchern für persönliche Freude. Bevor diese Person mit dem Scheck auf dem Bildschirm erschien, war ich ganz zufrieden. Doch scheint es die Natur des Geistes zu sein, wenn er nicht vollkommen klar und zufrieden ist, daß er sich sofort von dem Gedanken an ein bißchen mehr Zufriedenheit einfangen läßt.

Ich denke, wir gehen davon aus, daß andere Leute, die von unserem Glück hören und uns gratulieren kommen, gern etwas Ähnliches für sich selbst hätten. Wenn wir ihnen dasselbe wünschen, anerkennen wir unsere eigene Freude und befreien vielleicht die anderen von jedem Schuldbewußtsein darüber, daß sie uns eventuell beneiden. Das lernte ich, als ich, selbst noch ein Kind, Hochzeitsunterhaltungen lauschte. Die Mutter einer unverheirateten Tochter umarmte die Mutter der Braut und sagte: »Ich wünsche dir, daß du noch viel Freude daran haben wirst.« Die Mutter der Braut antwortete: »Und ich wünsche dir, daß es auch bei deiner Tochter bald soweit ist.« Darauf erwiderte die erste Mutter: »Dein Wort in Gottes Ohr!«

Es war mir oft sehr peinlich, und ich fühlte mich sogar schuldig, wenn ich bemerkte, daß ich binnen weniger Augenblicke, nachdem ich von frohen Ereignissen eines anderen auf einem Gebiet hörte, in dem ich auch gern Erfolg gehabt hätte, Neid zu fühlen begann. Ich wies mich zurecht, indem ich dachte: »Was ist bloß los mit dir, Sylvia? Dein Glücksbecher ist doch voll. Wie kannst du so etwas auch nur *denken?*«

Es hängt nicht davon ab, ob der Glücksbecher voll ist oder nicht. Die Welt ist voller wundervoller Dinge, es gibt unendlich viele Dinge, die man in diesen Glücksbecher legen kann. Es ist eine Frage des klaren Sehens. Wenn wir klar sehen, dann erkennen wir, daß es nur einen Glücksbecher gibt.

Beim 23. Super Bowl, als Joe Montana diesen Touchdown Pass warf, war John Taylor genau am richtigen Ort. Und der Geist von Jerry Rice war auch am rechten Ort.

Gleichmut ist erfüllt von allem

Die Menschen fragen oft, ob es möglich ist, friedvoll *und* leidenschaftlich zu sein. Ich bin überzeugt, das ist möglich. Wahrscheinlich kommt die Frage daher, daß die Leute emotionslos mit friedvoll und unbewegt mit gleichmütig verwechseln. Friedvoll bedeutet »nicht ärgerlich«. Gleichmütig bedeutet »ausgeglichen«. Keines von beiden bedeutet langweilig!

Zu Beginn meiner buddhistischen Übungen machte ich mir ziemlich häufig Sorgen, gefühllos zu werden. Ich befürchtete, ich könnte zu jemandem werden, über dessen Herz eine Dampfwalze gerollt war und der angesichts jeglicher Umstände ungerührt bleibt. Ich glaube, ich war einem allgemein verbreiteten Mißverständnis aufgesessen: der Vorstellung, daß spirituell gleichbedeutend ist mit »steinerner Ruhe«.

Meine Ansicht schien von den Geschichten bestätigt zu werden, die meine Lehrer über Menschen erzählten, die so intensiv Meditation praktizierten, daß »ihr Interesse an Sex schwand, und sie lebten zusammen wie Bruder und Schwester«.

Ich war besorgt, denn wenn ich auch gern erleuchtet werden wollte, wollte ich wirklich nicht, daß *das* geschah.

Gemütsruhe und Ausgeglichenheit sind wundervolle Geisteszustände, und sie beinhalten Gelassenheit und Sanftheit. Dieses Element der heiteren Gemütsruhe ist ein wichtiger Faktor im Geist, der Energie, Interesse und Entzücken so ausgleicht, daß klares Sehen und Verstehen sich entwickeln kann. Aber Gemütsruhe und Ausgeglichenheit sind nicht das Ziel des Übens, wenigstens nicht für mich. Ich möchte fähig sein, von etwas begeistert zu werden.

Je mehr ich begreife, daß alles leer und bedeutungslos ist, solange wir es nicht mit Bedeutsamkeit erfüllen, desto mehr möchte ich in der Lage sein, dies zu tun. Hier bin ich in einem Leben. Ich möchte mich daran *erinnern*, daß es nur ein Film ist, aber ich möchte es *leben*, als ob es wirklich sei.

Vor acht Jahren, am Nachmittag des Tages, an dem ich mit dem Unterricht beim längsten Meditationsretreat des Jahres in Kalifornien beginnen sollte, kam unerwartet meine Tochter Emily vorbei, um mich zu besuchen.

»Daddy und du, hättet ihr vielleicht Lust, Johan und mich heute abend zum Essen auszuführen?« fragte sie.

»Lust hätten wir schon, aber ich kann nicht, weil heute abend das Retreat beginnt und ich unterrichten muß«, erklärte ich ihr.

»Bist du sicher, daß du nicht mit uns zum Essen gehen willst?«

»Nein. Ich würde wirklich gern zum Essen gehen, aber ich kann nicht, weil ich unterrichte.«

»Du kannst nicht einmal weg, um zu feiern, daß du zum erstenmal Großmutter wirst?«

Ich schrie vor Freude auf. Ich war ganz außer mir. Ich hüpfte auf und nieder. Inmitten dieses Ausbruchs klingelte das Telefon, und ich nahm den Hörer ab. Es war meine Freundin Alta. »Ich kann nicht mit dir reden«, sagte ich, »ich bin gerade hysterisch!«

Emily lachte und sagte: »Es ist so schade, daß ich keine Videokamera dabei habe.« Wir vier gingen alle zum Essen. Dann kehrte ich zum Retreat zurück und hielt meine erste Unterrichtsstunde.

Meine Leidenschaftlichkeit hat sich gesteigert, nicht vermindert. Wenn ich mich freue, und das ist häufig der Fall, dann bin ich ekstatisch. Wenn ich traurig bin, weine ich schnell. Nichts ist eine große Sache. Es ist, was immer es ist, und dann ist es etwas anderes.

Getan ist getan

Einer meiner ersten buddhistischen Lehrer benutzte drei Wörter, wenn er wollte, daß ich meine Aufmerksamkeit auf den gegenwärtigen Augenblick richtete. »Getan ist getan«, pflegte er zu sagen. Als ich beim Schreiben dieses Buches in die Endphase kam, fragte ich mich, woher ich wissen würde, daß ich fertig bin. Ich liebe es, Geschichten zu erzählen, und jeder Tag ist eine neue Geschichte.

Ich rief mir eine Unterhaltung ins Gedächtnis, die ich einmal mit Jack hatte, einem Lehrer und guten Freund, dem ich vertraute.

»Ich mache mir Sorgen, daß ich meinen spirituellen Eifer verloren habe«, sagte ich zu ihm. »Ich glaube, ich verstehe die Formel für Glück. Ich bin sicher, ich muß sie den ganzen Rest meines Lebens üben, aber ich habe nicht das Gefühl, ich müßte noch mehr Fragen stellen.«

»Ich finde das in Ordnung«, erwiderte er. »Wenn du die Botschaft erhalten hast, legst du den Hörer auf.«

Zwei Botschaften wollte ich in diesem Buch übermitteln. Die erste betrifft das spirituelle Leben. Ich glaube, es ist einfach. Gewöhnliche Leute tun es, und sie wissen nicht einmal, daß sie das tun. Inmitten einfacher Leben, mit den üblichen Freuden und Kümmernissen, leben sie mit Gelassenheit und Güte und sind glücklich.

Die zweite Botschaft betrifft jene, die Weisheit lehren. Es gibt sie überall. Als dieses Buch langsam wuchs, stellte ich fest, daß viele meiner Lehrer Menschen waren, die ich im

Flugzeug getroffen hatte. Ich dachte kurz über eine mögliche esoterisch-symbolische Bedeutung nach wie »Flugzeuge bringen dich an neue Orte« oder »Flugzeuge erheben sich in die Lüfte«, aber ich wußte, das war sinnlose Spekulation. Ich habe deshalb so viele Lehrer in Flugzeugen getroffen, weil ich viel fliege. Jeder ist ein Lehrer. »Achte *immer* auf jeden«, ist meine Devise, »denn jeder ist eine Art Buddha.«

Die Umkehr von Jacks Rat ist ebenfalls zutreffend: »Wenn du deine Botschaft übermittelt hast, dann leg den Hörer auf.« Ich glaube, ich habe es getan.

Altas marinierte Champignons

Vermische mit dem Schneebesen:

150 ml Olivenöl
65 ml gewürzten Reisessig
2 TL Soja-Sauce
1/2 TL Mongolisches Feueröl
   (oder einen 1/4 TL Cayennepfeffer)
1 EL gehackte Petersilie

Koche ein gutes Pfund Champignons kurz auf. Gieße die Marinade darüber, solange die Pilze noch heiß sind. Laß sie mindestens eine Stunde lang ziehen, dabei begieße sie ab und zu mit der Marinade.

Variation: Zur Marinade können auch in dünne Scheiben geschnittene rote Zwiebeln gegeben werden. Eine andere Ergänzungsmöglichkeit ist eine rote Paprika, fein gehackt.

Die Champignons sollten innerhalb der nächsten vier Stunden serviert werden.

Dank

Unendlich dankbar bin ich meiner Freundin Martha Ley, die mir zum Geschenk machte, dieses Manuskript zu schreiben und wieder neu zu schreiben und zu korrigieren, und die in genau dem richtigen Verhältnis zu mir sagte: »Das ist gut, Sylvia!« oder »Das hast du bereits geschrieben, Sylvia«, um das Schreiben zu einem Vergnügen zu machen. Vielen Dank, Martha.

Jack Kornfield, Joseph Goldstein und Sharon Salzberg waren meine wichtigsten buddhistischen Lehrer. Ich danke ihnen für ihre Unterweisungen, ihre Unterstützung und ihre Freundschaft.

Alle meine Schüler, vor allem meine Schüler vom Mittwochmorgen-Kurs in Spirit Rock, haben immer wieder meinen Geschichten gelauscht und mir geholfen herauszufinden, welche davon verwendbar sind.

Ich danke Sharon Lebell dafür, daß sie sagte: »Sylvia, du hast deinen eigenen Stil«, und Mari Stein, die eine wundervolle Zeichnung von einem Gespräch machte, das ich führte, und sagte: »Schreib ein Buch, und zwar gleich!«

Ich gedenke mit Dankbarkeit meiner Eltern, Harry und Gladys Schor, die mich beide lehrten, zu denken und zu lachen.

GOLDMANN